# 高中物理创新实验设计与课堂实践

## 电学篇

主编 王 竑

编委（按姓氏笔画排序）

牛仁堂 田晓梅 张明哲

赵志龙 曾亚梅

中国科学技术大学出版社

## 内 容 简 介

本书主要基于2019年新版高中物理教材，针对教材中电学部分相关教学难点、重点，从实验的角度展开。全书介绍了18个电学物理实验(配视频资料)，这些实验在新版教材中均有介绍，本书的价值在于对这些教材中的实验做了深度解析，除了分析了实验的背景、目的，介绍了新旧教材中的不同之处外，重点对实验的实际操作做了改进，包括创新设计了一些符合实际教学条件的实验器材、实验电路，借助视频手段展现实验现象以方便学生观察，设计了一些具体的教学环节，等等。本书对高中物理教师尤其是青年教师，在课堂实验教学上有较高的借鉴价值。

**图书在版编目(CIP)数据**

高中物理创新实验设计与课堂实践. 电学篇/王竑主编. —合肥：中国科学技术大学出版社，2023. 5

ISBN 978-7-312-05672-7

Ⅰ. 高…  Ⅱ. 王…  Ⅲ. 中学物理课—高中—教学参考资料  Ⅳ. G633. 73

中国国家版本馆 CIP 数据核字(2023)第 076115 号

**高中物理创新实验设计与课堂实践：电学篇**

GAOZHONG WULI CHUANGXIN SHIYAN SHEJI YU KETANG SHIJIAN：DIANXUE PIAN

---

**出版** 中国科学技术大学出版社

安徽省合肥市金寨路 96 号，230026

http://press. ustc. edu. cn

https://zgkxjsdxcbs. tmall. com

**印刷** 安徽国文彩印有限公司

**发行** 中国科学技术大学出版社

**开本** 787 mm×1092 mm  1/16

**印张** 11. 25

**字数** 249 千

**版次** 2023 年 5 月第 1 版

**印次** 2023 年 5 月第 1 次印刷

**定价** 58. 00 元

# 序

物理学是一门以实验为基础的自然科学。实验在物理学发展史上占有重要地位，对推动物理学发展发挥了不可替代的作用，也正是当年物理学之父伽利略把实验方法引入科学研究中，而不是仅仅基于日常观察和经验，经过思辨得出结论，才使得物理学脱胎换骨于哲学，并进一步发展成为自然科学乃至社会科学的基础，为人类现代文明提供了不竭的探索动力。

特别是在当前以学科核心素养为纲的课程改革背景下，实验教学不仅是物理教学改进的重要内容，也已经成为牵引物理教学整体改进的重要力量。实验不仅是学生建构物理概念、规律等知识的基础，也是把所学物理知识迁移应用于实践，促进其深化和活化的载体；在实验中蕴含着丰富的科学思维方式，这使其成为发展学生科学思维的天然载体；实验是科学探究的核心组成部分，是学生获取证据、进行科学推理的主要依据；实验也是理解科学本质、培养学生严谨求实的科学态度、激发学生学习兴趣的重要载体。

因此，实验不仅是物理学作为一门学科产生、发展的重要推动力量，也是当下在物理教学中落实核心素养课程目标的重要途径。在新一轮课程改革的大背景下，王竑老师组织北京八中教师编写了这本关于物理实验及其教学的著作，不管是对推动北京八中物理教师们适应新课程改革的专业发展要求，还是对提升北京八中乃至区域的物理教育发展，都是极有价值的。

认识王竑老师大概是15年前了，那时候第八次课程改革才刚刚拉开序幕，王老师就作为西城区高中物理兼职教研员参与了教材分析与教学建议、《学习・探究・诊断》的编写等物理学科教学研究工作。在我的心目中，王竑老师不仅是一位勤奋踏实的一线教师，还是一位具有前瞻性、不畏困难、勇挑重担的好合作伙伴。拿到王老师的书稿，让我意外的是，她作为学校的教学领导干部，在承担了学校繁重的教学管理工作的情况下，还能如此努力钻研物理教学，同时发挥自己作为北京市物理学科教学带头人的作用，带领八中物理组年轻的老师们组成研究小组，经过长期深入研究，形成了鲜明的教学特色。王老师带领团队实践了“通过更好的研究来推动更好的教学实践”的教研理念，撰写这本高质量的著作只是实践探索成果的一种呈现方式，更重要的是，通过长期的教学改进实践，为推动北京八中乃至西城区物理教学质量的提升发挥了引领作用。

实验教学是王竑老师团队研究的重点内容之一。他们的实验及其教学研究成果多次在北京市和全国的展示比赛中获奖，物理实验教学已经成为北京八中一张靓丽的名片。当王老师把她主持凝练的实验教学最新研究成果送给我，让我提点意见的时候，我认真拜读了部分书稿。这是一本既能“顶天”，又能“立地”的好书！说它能“顶天”，是因为这本书站在学生核心素养发展的高度进行顶层设计，从让学生学会思考、学会探究、学会创新的高度审视当下的物理教学；说它能“立地”，是因为这本书记录的是课堂上实验教学的精彩片段及其背后的专业思考，是对实验教学实践进行系统梳理凝练而成的结晶，是写在生动课堂教学实践现场的著作。具体说来，这本著作在以下几个方面具有鲜明特色。

第一，强调知行合一，动手动脑相结合。本书将学生已经掌握的概念、规律融入实验原理设计之中，同时又通过实验原理设计，促进学生对原有知识的深入理解。另一方面，有些实验又为建构新知识做了铺垫，突破了概念、规律教学中长期存在的实验难做的“瓶颈”。在“实验设计意图”栏目中，深入挖掘了实验中所蕴含的科学思维发展载体，把动手动脑结合起来，在实验原理、操作步骤、实验数据处理等各个环节上凸显科学思维在实验中的重要作用，体现了做中学、学中思、思中创的教学理念。

第二，强调问题导向，突出改进必要性。本书是为了解决实验教学中存在的缺陷和不足而撰写的，不是为了出书而出书。通过梳理实验教学中存在的具体问题或物理教学对实验的实际需要，突出了实验教学改进的必要性。针对诊断出的实验教学实践中存在的具体问题，进行有针对性的教学改进，这是本书的一个显著特点。特别是针对具体实验教学中存在的实验问题、实验设计思路的创新性、实验操作的规范性、实验数据处理思路的产生等方面进行了系统梳理，对物理实验教学整体改进都有很好的参考价值。

第三，强调评价导航，提高实验教学有效性。本书既体现了以学生为中心的育人理念，又体现了发挥教师在教学中的主导作用，通过师生高质量的互动，提升教学有效性。通过“实验理解反馈”栏目，发挥实验教学评价在促进教师实验教学改进和学生实验学习中的导航作用，从而提高实验教学的有效性。这也是在实验教学领域促进教学评一体化的新探索。

第四，强调拓展延伸，为学生未来发展奠基。本书通过拓展延伸实验中所涉及重要思维方式在新实验情景中的应用迁移，为后续学习留下了“接口”。这既强化了实验教学内容的前后衔接，促进了实验内容的结构化；又为学生未来应对挑战性的实验任务做好了铺垫，有利于实验内容在新情境中的迁移应用。这是在实验教学领域解决长期存在的学习内容碎片化、浅层化顽疾固障的新探索。

第五，强调示范性，以案例提升可操作性。本书通过实验教学案例的展示为一线教师提供了效果良好的实验教学范例。特别是具体实验设计方案、实验仪器参数等重要内容，让一线老师觉得可学习、可借鉴，改进实验教学更容易落实到教师的教学行为中，使得本书所呈现的实验及实验教学的研究成果，能够真正在课堂上落地。因此，这是一部能满足实践需求、解决一线教师实验教学中存在的实际困难的优秀作品。

总而言之，本书既是王竑老师个人教师专业成长的里程碑，记载了王老师在每个实验上的独到见解，折射出王老师与时俱进的物理教育理念；又是王竑老师带领北京八中物理教研团队团结奋进的见证，书稿的高质量是团队精诚协作、锐意进取的结果。

本书的出版是对“道阻且长，行则将至”的最好诠释，为正在专业成长而奋进的广大青年物理教师点亮了前行的路。

张玉峰

2023年3月于北京教育科学研究院

# 前　言

从事中学物理教学工作近三十年，我从一名刚刚毕业怀揣着教师梦想，同时又有些惴惴不安心情站在讲台上的年轻人，到如今成长为学校教学骨干、北京市物理学科带头人，成为学生心目中“我心中的好老师”“优秀教师”，其间经历的惶恐、挫折、思考、学习与历练，仍历历在目。这一过程，是每一位教师从年轻到成熟的必经之路。在多年的高中物理一线教学实践中，我逐渐形成了自己的教学理念和教学经验，取得了点滴成绩，在这条道路上感悟颇深。尤其是高中物理实验教学，是物理教学的重要组成部分，在实验教学中，有一些体会，也总结了一些方法和案例，希望能与广大教师分享，也希望能对各位同行有所帮助。

物理是基于实验的科学。实验教学是物理教学中非常重要的环节。课堂上，教师演示实验、学生探究实验的成败，直接影响对物理概念和规律的理解以及课堂教学的效果。在与校内外青年教师的交流中，我发现所有的青年教师在进行课堂实验教学时，都遇到了我年轻时遇到的同样的困难。例如，对实验器材作用的了解不够准确，对操作过程技巧的把握能力不足，对实验细节的处理不恰当，对实验效果未达到预期无法合理解释，对实验数据的分析及产生误差的解释不够严谨准确，等等。如何在实验教学中避免这些问题发生？如何帮助青年教师对实验原理和实验过程实现深入研究和理解？怎样去帮助这些青年教师，提升其在课堂中实验教学的把控能力？……以上，是我在教学一线中始终思考的问题。随着教学经验的不断积累和对物理实验教学的思考更加深入，实践更加丰富；随着在北京地区开展多次讲座，接触了来自全国、北京市、西城区更多的青年教师，了解了他们的困惑和迫切需求，同时我也希望尽自己所能帮助更多的年轻人在物理实验教学中少走弯路，有所突破，便萌生了写一本关于物理实验教学实践的指导书，帮助青年教师理解实验教学，并能在课堂中进行实践，更快地成长。

2017年，教育部颁布了新的“普通高中物理课程标准”。新课程标准更加强调物理核心素养的养成，物理观念、科学思维、科学探究、科学态度与责任是核心素养的四大要素。课程标准中同时指出：“物理科学是一门实验科学，让学生通过观察、操作、体验等方式，经历科学探究过程，学习物理规律，建构物理概念，学习科学方法，逐步建立科学的世界观。”

长期以来，传统的实验设计和教学存在“重预设，忽视问题生成”“重流程，忽视能力培养”“重结果，忽视过程体验”的问题，不能很好地满足学生探索求知的欲望，不能有效地促进学生思维和认知发展，不能很好地培养学生的探究意识和探究能力，在提升学生物理学科核心素养方面有明显的不足。

随着新高考的实施，人教版新教材从2019年开始使用，到2022年刚好一轮。相比旧教材而言，新教材在实验方面展现出以下两大特点：

**1. 对原有实验提出了更高的要求。**

例如，库仑定律一节中引入新课的演示实验：定性探究电荷间相互作用与距离、电荷量间的关系，在旧教材中的描述如图1所示，2019年版新教材，对该实验问题的提出发生了变化，如图2所示。

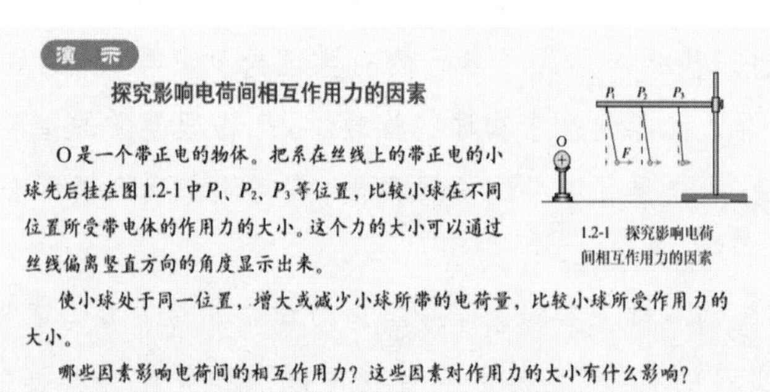

演示

探究影响电荷间相互作用力的因素

O是一个带正电的物体。把系在丝线上的带正电的小球先后挂在图1.2-1中$P_1$、$P_2$、$P_3$等位置，比较小球在不同位置所受带电体的作用力的大小。这个力的大小可以通过丝线偏离竖直方向的角度显示出来。

使小球处于同一位置，增大或减少小球所带的电荷量，比较小球所受作用力的大小。

哪些因素影响电荷间的相互作用力？这些因素对作用力的大小有什么影响？



1.2-1 探究影响电荷间相互作用力的因素

图1

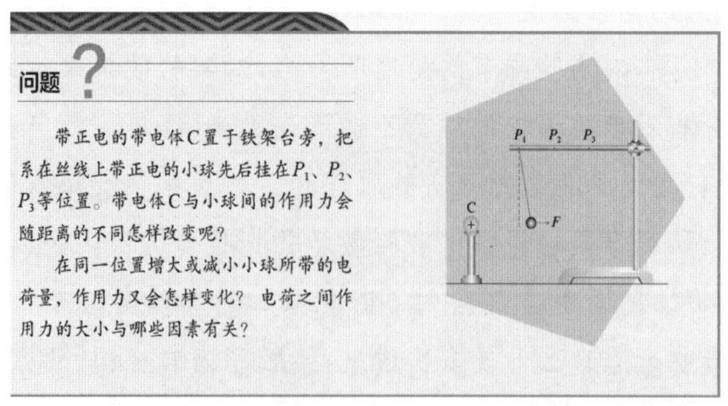

问题

带正电的带电体C置于铁架台旁，把系在丝线上带正电的小球先后挂在$P_1$、$P_2$、$P_3$等位置。带电体C与小球间的作用力会随距离的不同怎样改变呢？

在同一位置增大或减小小球所带的电荷量，作用力又会怎样变化？电荷之间作用力的大小与哪些因素有关？



图2

对比新、旧教材对实验的表述，发现：旧教材明确告诉学生“这个力的大小，可以通过丝线偏离竖直方向的角度显示出来”，而新教材不再告知学生这一规律。为什么会发生这样的变化？不难看出其目的是让学生通过实验探究，在观察与思考的基础上，结合以前所学的力学知识，自主分析得出“通过丝线偏离竖直方向的角度的大小，可以判断电荷间作用力的大小”。这样做的目的，是增强实验的探究性，提高学生对所学知识的关联性分析，培养学生基于现象的分析与判断能力。

**2. 增加了一些新的演示实验。**

2019 年版新教材增加了一些新的演示实验。例如，增加了“观察电容器的充、放电现象”“探究电容器两极板的电势差跟所带电荷量的关系”“测量水果电池的电动势和内阻”等多个实验。对于新增的实验，有的是要求学生对知识和规律的深度理解，如“观察电容器的充、放电现象”，如图 3 所示。有的是增加学生对生活和知识的体验与理解，如“测量水果电池的电动势和内阻”实验，如图 4 所示，该实验作为“测量电源电动势和内阻”的参考案例，为学生提供实验探究的内容，帮助学生进一步实践和理解电源电动势和内阻的测量方法。

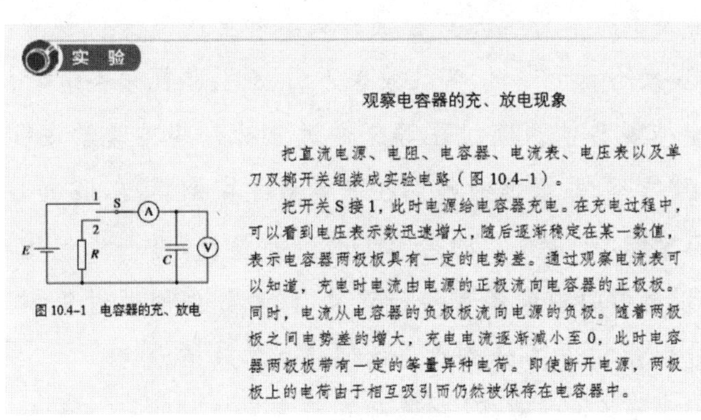

实验

观察电容器的充、放电现象

把直流电源、电阻、电容器、电流表、电压表以及单刀双掷开关组装成实验电路（图 10.4–1）。

把开关 S 接 1，此时电源给电容器充电。在充电过程中，可以看到电压表示数迅速增大，随后逐渐稳定在某一数值，表示电容器两极板具有一定的电势差。通过观察电流表可以知道，充电时电流由电源的正极流向电容器的正极板。同时，电流从电容器的负极板流向电源的负极。随着两极板之间电势差的增大，充电电流逐渐减小至 0，此时电容器两极板带有一定的等量异种电荷。即使断开电源，两极板上的电荷由于相互吸引而仍然被保存在电容器中。



图 10.4–1　电容器的充、放电

图 3

参考案例 2

测量水果电池的电动势和内阻

把铜片和锌片相隔约 1 cm 插入一个梨中，就制成一个水果电池（图 12.3–5）。铜片和锌片相距越近、插入越深，电池的内阻就越小。铜片是电池的正极，锌片是负极。

把水果电池、电阻箱、电压表等按图 12.3–3 连接起来。根据前面提到的方法 3，用电压表和电阻箱测出多组电压 $U$ 和电阻 $R$，并记录在预先绘制的表格中。求出水果电池的电动势和内阻。

水果电池的内阻较大，容易测量。但实验时，内阻会发生明显改变。测量应尽量迅速，在内阻发生较大变化之前结束测量。

图 12.3–5　水果电池

图 4

新教材部分实验的变化，对教师的实验教学提出了更高的要求和新的挑战。面对新教材的这些变化，更激发了我想将自己近30年物理教学中对实验教学的理解、实验教学的方法以及实验教学中的创新实践总结出来，为教师备课提供指导，为教师上课提供素材，为学生学习提供帮助。

于是，两年前，我开始了这本书的撰写工作。通过此书，想要解决高中物理实验教学的以下问题：

**1. 解决物理实验教学体系化的问题。**

原有实验教学零散琐碎，不成体系，新教师面对上课中需要进行的实验教学往往不知道从何入手。我通过梳理高中物理新教材（本册以人民教育出版社《普通高中教科书·物理·必修·第三册》电学部分为主）中的大量实验，提炼其重要内容、必备环节和共性特征，形成了“问题分析—实验改进—视频录制—教学设计—课堂实践”的物理实验教学改进模式，使之成为教师进行实验教学的抓手，提高课堂实验教学的效果。

**2. 解决物理实验呈现方式的问题。**

我查阅了大量关于高中物理的实验设计文本和呈现的实验视频，发现存在很多共性的问题，如实验现象不便于观察、实验效果不明显、实验视频不清晰、实验展示不系统、实验操作步骤不能体现科学探究过程等。通过分析一些在教学中和网络上流传的视频，比对新教材实验内容，并根据教师们在日常教学中的需要，我和我的团队对新教材的实验进行了系统梳理，根据教学的需求进行创新设计，进一步优化实验操作步骤，展示科学探究过程，以清晰的视频展现实验现象，体现数据处理过程，帮助教师们更好地理解实验本质并进行教学，以期达到更好的实验教学效果。

有些物理实验现象不便于观察，当教师在教室里直接进行演示时，距离演示台较远的学生，在观察实验时很难通过肉眼观察到清晰准确的实验现象，更谈不上在观察的基础上分析思考得出正确的结论。对于具有上述特点的实验，可以通过拍摄视频的方式，以摄像机的视角，近距离观察实验现象；借助多媒体控制调整方便的特点，进行慢动作播放或对画面进行放大，来改进实验观察的视角，改进实验呈现方式，进而提升实验教学的可视性，达到较好的实验效果。例如实验“探究电荷在导体表面分布的特点”，将金属网摆成U形形状，通过手摇感应起电机让金属网带电后，金属网外表面的红色丝线飘起，金属网内表面的红色丝线处于静止状态，说明金属网上的电荷分布在“外表面”。利用摄像机，可以通过俯视视角，清晰观察到U形金属网内、外表面丝线的情况，如图5所示，达到了很好的观察效果。

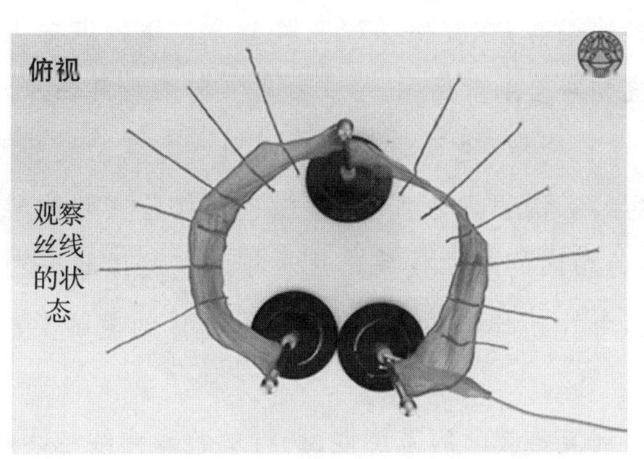


图 5

有些实验，由于研究的对象不易观察，原理复杂，增加了实验的难度。例如“研究电动机电压与电流的关系”实验，2019 年版新教材将该内容调整到第十二章“电能　能量守恒定律”第一节“电路中的能量转化”中，知识结构体系有所调整，明确该节讨论电路中的能量问题，体现了新教材基于核心素养对学生的发展与培养。在新教材中，以电动机电路为例，讨论了非纯电阻电路中有关能量的问题。非纯电阻电路的分析与计算历来是教学难点。对学生而言，电动机的能量转化问题，理论是抽象的，较难理解。对此，为了进一步验证理论的正确，我们设计了一个验证实验，证明在非纯电阻电路中，$I \neq \frac{U}{R}$。如图 6 所示，教具中的电动机 M 采用自制模型电动机，磁铁和线圈能够自由组合，同时，创新性地将磁场设计为可以移动，通过磁场的移动，改变线圈周围磁场的大小，从而改变线圈受到的安培力，实现改变电动机转子转动快慢的目的。

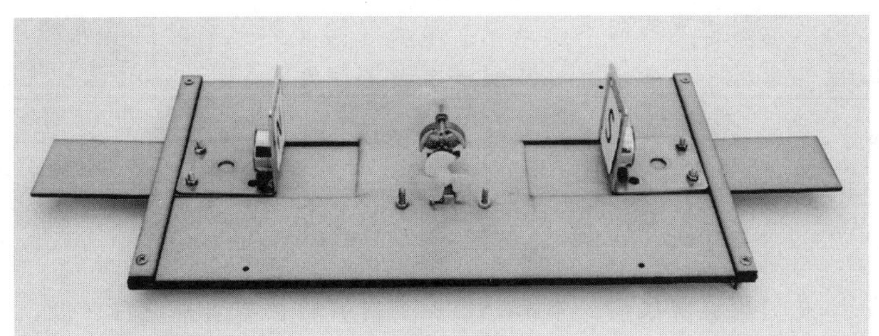

图 6

**3. 解决物理实验课程资源建设及辐射问题。**

原有实验教学模式存在只能现场参与、实验效果不能长期留存、不能异时异地学习、不利于反思和深入研究等问题。考虑到很多边远地区和学校不具备物理实验教学条件，我希望借助此书的编写，在提供物理实验教学方案的基础上，将实验过程录制成教学视频，并配以解说和实验细节展示，形成物理实验的教学资源。此资源，既可以成为教师在实验教学中的课程资源，也可为教师在课前准备实验提供可参考的依据。对于不具备实验条件的学生，有课程资源可供学习，也能体验实验的科学探究过程，达到和亲自参与物理课堂实验相同的教学效果。这种校本实验课程资源，填补了新教材实验课程资源不足的现状，为教育资源薄弱学校和边远地区的教师实验教学、学生实验学习提供了有力的保障。

本书的编写，考虑到实验教学的系统性，所有实验均按统一体例进行编写。

首先是对实验设计意图进行分析。内容包括教学背景分析，教材（2019 年版新教材）对该实验的要求，该实验在教材中的地位、作用，《高中物理课程标准》中对实验的研究及建议，实验力求达成的教学目标与实验效果，以及实验的相关思考等。

第二部分，是实验设计内容。该环节先讨论实验设计思路，即实验设计时考虑的因素，想突破哪些问题，这些问题又是如何解决的。接着讨论实验原理，即实验所依据的物理规律。本部分内容还涉及实验器材，即实验包含哪些器材以及器材的规格、实验装置等。该环节可以帮助教师理解该实验为什么这样设计以及解决问题的视角。

第三部分，是实验实施过程。该环节详细介绍实验操作的步骤，尤其是教师在进行演示实验时需要侧重的演示步骤或课堂实施情境。本部分内容还包括实验中测量的数据以及如何通过数据分析得出结论。本部分对实验误差的原因也做了详细的分析讨论。为了帮助教师提高实验呈现的效果和实验的成功率，在实验实施内容中，还增加了实验注意事项的提醒。

第四部分，是实验达成的效果。本部分重点介绍了实验最终应达成的效果，学生应有哪些收获，实验突破了哪些难点以及解决了哪些问题。

第五部分，是实验拓展及展望。本部分内容是对实验的进一步思考，在完成实验后，对实验可以进一步提升的方面进行剖析，为教师未来进行实验改进提供方向，以期达成更高的目标。

第六部分，是实验理解反馈。本部分内容是对实验教学效果进行评价。通过针对实验设计的相关问题，考查学生对此实验的理解程度和对知识的掌握程度。教师在实验教学后，也可以通过该版块的反馈试题，反思自己在实验教学中是否完成了预期教学目标。

第七部分，是实验教学建议。本部分内容为教师实验教学提供实施策略。如何借助视频资源进行教学？如何在实际教学中介绍实验器材的功能？何时何处提出问题？怎样提问？针对学生的回答如何分析？教学的环节如何层层推进，引发学生深度思考，顺利得出结论？……每一个实验，都有其教学的策略与方法。尤其对于青年教师而言，即使是已经知道实验的过程与方法，但由于对实验过程中出现的问题经验不足，常常无法顺利完成实验教学的各个环节。实验教学建议，就是帮助物理教师如何在课堂上更好地进行实验教学实践，提高课堂教学效率。

本书通过以上层层递进、深入浅出、系统完整的7个环节，能够有效指导教师进行实验教学。对于广大物理教师而言，如何构思和改进实验？如何选择器材？如何完整体现实验的操作与过程？如何巧妙展现实验现象？如何处理实验数据？如何对实验教学进行评价和反馈？如何展现实验教学的全过程？在本书中都能一一找到答案。本书是广大物理教师进行实验教学最直接、最实用的参考工具书，是学生学习和复习实验的重要学习资料。

本书以2019年版新教材为依据，共收录了电学实验18个，包括教师演示实验及学生分组探究实验。本书编写过程中，我和教研组的几位老师，及时总结实验案例，进行实验教学实践，也取得了一些成果。一些实验课例，被选入全国中小学"空中云课堂"，如《定性探究电荷间相互作用与距离、电荷量间的关系》《静电除尘》等。还有一些实验课例在北京市、西城区进行示范展示，如《研究电动机的电压与电流的关系》等。在实验创新研究的过程中，老师们将自己的研究成果写成论文，1篇在国家级核心期刊上发表，多篇在北京市、西城区论文评选中获奖。在创新实验设计过程中，大家自主创新设计并自制了很多教具，其中一些教具参加了"全国中学物理青年教师教学大赛"展示与交流，多个自制教具获全国一等奖。教师们针对实验进行的教学设计，荣获北京市二等奖2个，西城区一等奖3个、二等奖1个。指导学生参加北京市青少年科技创新大赛，实验"库仑力定量演示器"获北京市二等奖。

北京八中物理组一直有着实验创新的传统，在全国各类教具制作、实验设计比赛中多次获奖。我校物理实验室硬件设施齐全，物理教师对实验设计兴趣浓厚且肯于钻研、勇于实践。我将自己的想法与物理组的几位老师沟通，提出了想将实验教学指导与实验视频结合，开发、编写和录制可指导教师"教"和学生"学"的参考书籍，得到了许多老师的积极响应。从2020年起，我们开始着手查阅资料，设计和改进实验，撰写拍摄脚本，进行实验拍摄，到2022年，关于实验的文字指导内容完成，这是大家智慧与心血的结晶。在这个过程中，经历了几次疫情的反复，因疫情防控要求，工作几度停止，但是只要条件允许，大家立即投入实验的设计、改进和拍摄中去。

在这里，要感谢北京八中物理组参与本书编写和教具制作、视频录制的几位教师，以及北京八中校领导对团队进行实验创新研究的大力支持。也要感谢北京市基础教育研究中心物理教研室各位专家给予的建议与肯定。在此一并表示深深的感谢!

另外,为方便与广大读者交流探讨,我们为本书建了专属的 QQ 群,群号是 679146691。我们已将全部 18 个实验的视频上传至该 QQ 群的共享文件中,欢迎读者朋友们加群下载。读者也可以直接联系本书的责任编辑(QQ:731827650,邮箱:edit@ustc. edu. cn,微信:15055113738)获取这些视频文件。

需要说明的是,本书中所涉及的创新实验设计是在一线教学之余撰写的,虽历经两年并经过多次修改,完成了预定的目标,但还有很多实验需要进一步深入研究和完善。如果该书能够为广大物理教师在一线实验教学中提供一些帮助,作为主编,深感荣幸。由于作者水平有限,书中可能有不少错误和疏漏之处,敬请读者批评指正。

编者

# 目　　录

# 实验一　观察静电感应现象

## 一、实验设计意图

“静电感应”实验是2019年版新教材第九章“静电场及其应用”第一节的内容。本节内容是电学部分教学的重点。新教材对“静电感应”的要求在原有教材的基础上更加强调学生在理解金属的微观模型基础上对实验现象进行分析和解释，更加注重培养学生的“科学思维”“科学探究”等物理学科核心素养。

《北京市普通高中物理学科教学指导意见(2018年版)》中要求：通过实验观察静电现象，并用原子结构模型和电荷守恒的知识分析静电现象。针对新教材和“指导意见”的要求，在设计本实验时力求为学生呈现更好的实验效果，让学生在实验的观察和探究过程中加深对金属微观模型的理解，提高应用电荷守恒定律分析问题的能力。

教材中关于“静电感应”的实验器材在实验演示方面有着不错的效果，但是在实际操作中也存在一些问题，比如在实验过程中放电严重，特别是空气湿度比较大时放电更加明显，实验现象受到很大影响，进而对学生的观察和学习造成了障碍和困难。从教学的实际需要和学生学习的需要两个方面考虑，对实验器材进行改进和再设计，以期在教学中取得更好的效果。

## 二、实验设计内容

### (一) 设计思路

静电实验对环境的要求较高，需要保持环境干燥，避免带电体放电而影响实验效果，因此对实验进行了改进和再设计：两个导体下面固定金属杆，金属杆底端贴上金属箔，将导体A、B下面的金属杆分别与绝缘玻璃瓶塞密闭连接并固定，同时金属箔处于绝缘玻璃瓶内部。本实验为设计型实验。

### （二）实验原理

当一个带电体靠近导体时，由于电荷间相互吸引或排斥，导体中的自由电荷便会趋向或远离带电体，使导体靠近带电体的一端带异种电荷，远离带电体的一端带同种电荷。

### （三）实验器材

金属导体，金属箔，绝缘玻璃瓶，毛皮，橡胶棒。

### （四）实验装置

实验装置照片如图1所示。

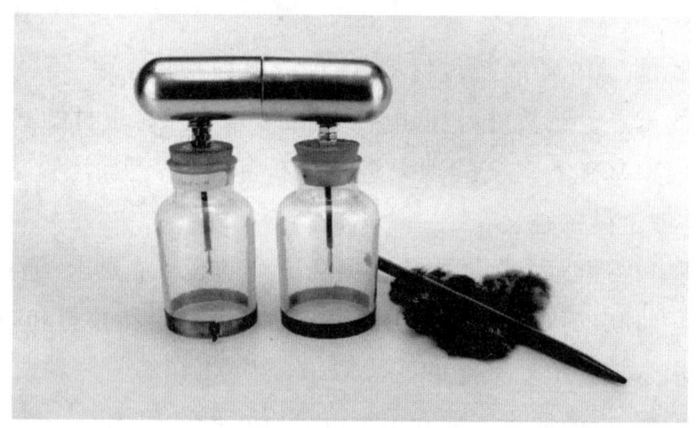

图1

## 三、实验实施过程

### （一）实验步骤

1. 前期准备：用抽湿器抽除实验室空气中的水蒸气。
2. 把毛皮摩擦过的带负电的橡胶棒C移近导体A、B；然后将橡胶棒C移开，使它远离导体A、B。
3. 把带负电的橡胶棒C移近导体A、B；把导体A、B分开，然后移去C；再将A、B接触。
4. 实验结束，整理实验器材。

### （二）现象分析

1. 当带负电的橡胶棒C移近导体A、B时，金属箔由闭合变为张开，说明导体A、B都带了电。当带负电的物体C移开时，金属箔由张开变为闭合，表明导体A、B又恢复到原来的电中性。

2. 当带负电的橡胶棒C移近导体A、B时，在A端有多余的电子积累而带负电，B端因失去电子带正电，两导体的金属箔都张开。把导体A、B分开，再移去C，导体A、B仍带电，金属箔仍张开。将A、B接触，金属箔都闭合，说明导体A、B所带电荷等量异号，正、负电荷中和，两导体恢复到原来的电中性。

### （三）实验结论

实验过程中导体没有与其他物体接触，并且导体与周围绝缘，所以总电荷不变。即感应起电的实验过程中导体A、B没有与其他物体接触，A、B都带电时总电荷没有增加，A、B接触时总电荷也没有减少。

### （四）注意事项

1. 毛皮与橡胶棒摩擦起电时应注意多摩擦几次，以使橡胶棒带电量满足实验的需要，避免实验中因放电较多而影响实验效果。

2. 实验进行的时间不宜过长，避免带电体放电较多而造成实验现象不明显。

## 四、实验达成的效果

本探究实验，达到了比较满意的效果：

1. 实验演示的效果更加明显和稳定，学生的学习体验过程更好。

2. 通过对实验的观察和分析，学生更加深入地理解了金属的微观结构模型。

3. 通过对实验现象的理论分析，为学生学习和理解电荷守恒定律做好了实验上和认知上的准备。

## 五、实验拓展及展望

1. 通过改进来提高绝缘玻璃瓶里的空气干燥度，比如在玻璃瓶底放上适量的干燥剂等,进一步减小实验过程中导体放电对实验效果造成的影响。

2. 实验中金属箔的变化尺度相对较小,教室里后面的学生在观察实验现象上可能存在困难,可以通过摄像头将实验过程投放到多媒体屏幕上,以取得更好的实验效果。

# 六、实验理解反馈

1. 下列说法正确的是(　　)。

A. 摩擦起电和静电感应都是使物体的正、负电荷分开,而总电荷量并未变化

B. 用毛皮摩擦过的硬橡胶棒带负电,是摩擦过程中硬橡胶棒上的正电荷转移到了毛皮上

C. 用丝绸摩擦过的玻璃棒带正电荷,是摩擦过程中玻璃棒失去了负电荷

D. 导体不带电,表明导体中没有电荷

2. 如图2所示,两个不带电的导体A和B,用一对绝缘柱支持使它们彼此接触。把一带正电荷的物体C置于A附近,贴在A、B下部的金属箔均张开,则(　　)。

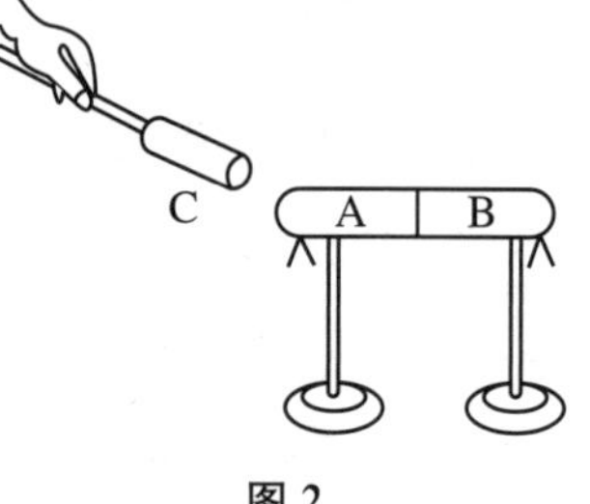

图2

A. 此时A带正电,B带负电

B. 此时A带负电,B带正电

C. 移去C,贴在A、B下部的金属箔都闭合

D. 先把A和B分开,然后移去C,贴在A、B下部的金属箔都闭合

3. 如图3所示,放在绝缘支架上带正电的导体球A,靠近放在绝缘支架上不带电的导体B,导体B用导线经开关接地,现把S先合上再断开,再移走A,则导体B(　　)。

A. 不带电　　B. 带正电

C. 带负电　　D. 左端带负电,右端带正电

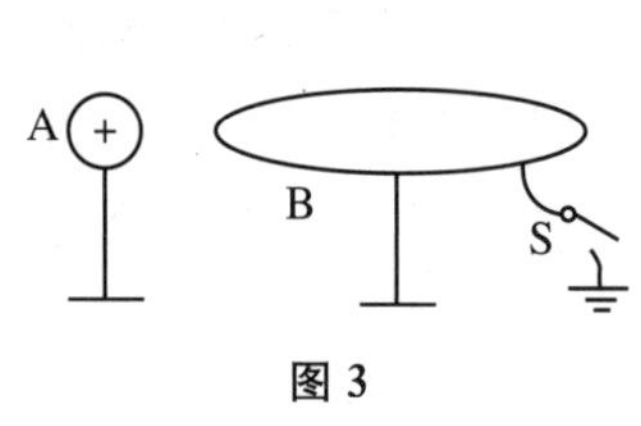

图3

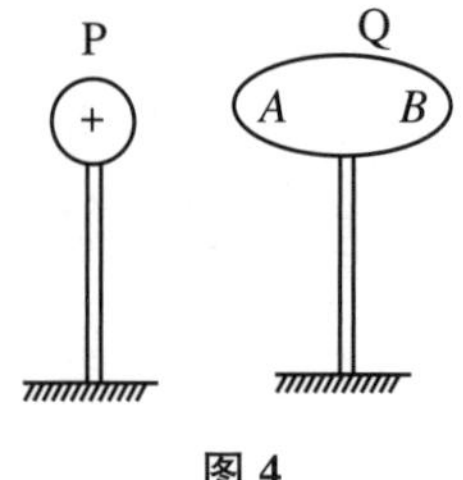

图4

4. 如图4所示,Q是一个不带电的绝缘金属导体,把一个带正电的绝缘金属球P移近Q,由于静电感应,$A$端电荷量大小为$q_A$,$B$端电荷量大小为$q_B$,则(　　)。

A. 导体Q上,$q_A$大于$q_B$

B. 导体Q上,$q_A$等于$q_B$

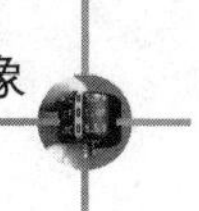

C. 用手接触一下 Q 的 $A$ 端,拿走 P 后,Q 带正电

D. 用手接触一下 Q 的 $B$ 端,拿走 P 后,Q 带负电

**答案**　1. AC　2. BC　3. C　4. BD

# 七、实验教学建议

静电感应实验是“静电场”第一节的演示实验。本实验对培养学生的科学探究能力、提升学生的科学思维水平、丰富学生的物理观念等有着重要价值。教学中首先引导学生对实验现象进行细致的观察,并引发学生对实验现象背后的物理原因进行思考;通过设计有梯度、提升思维能力的问题,使学生切实做到有深度的思考,在师生互动、同伴交流中建立起对静电感应现象的正确认识,加深对金属结构模型和感应起电本质的理解,进而提升学生的物理核心素养。

## 实验教学片断

### 环节一

在实验探究之前,引导学生复习摩擦起电和金属的微观结构模型,为实验探究做好准备。

1. 通过什么方式可以让物体带电?物体带电的原因是什么?

(物体可以通过摩擦而带电,这种方式叫摩擦起电。当两种不同物质组成的物体相互摩擦时,一些离原子核较远的电子由于受到的束缚较弱会转移到另一个物体上。于是,原来电中性的物体由于得到电子而带负电,而失去电子的物体则带正电,这就是摩擦起电的原因。)

**设计意图**

复习摩擦起电的原因和金属的微观结构模型,为实验探究做准备。

2. 思考除了物体接触摩擦的方式使电子发生转移外,还有没有别的方式能使电子受力而发生转移?

**设计意图**

引导学生从运动和相互作用的角度思考摩擦起电的原因,为静电感应的实验探究和理论分析做好铺垫。

3. 学生可能会有以下分析和设计：电荷间有相互作用，可以让带电的物体靠近另一个中性物体，由于电荷间的相互作用，电子会发生运动，从而让物体带电。

**设计意图**

培养学生分析问题的能力，形成运动和相互作用的物理观念。

4. 带电物体靠近电中性物体时，电中性物体中的电子一定会发生定向运动吗？对电中性物体有什么要求？

（电中性物体中的电子应可以自由移动。由于金属中的电子可以在金属内部自由移动，故电中性物体一般选用金属物体；绝缘体中几乎不存在自由移动的电荷，故不可用绝缘体。）

5. 如何检验电中性物体是否带电了呢？

6. 教师可以引导学生在金属导体上贴上两片金属箔，根据金属箔的变化情况来了解导体的带电情况。若金属箔片张开说明导体带电，若金属箔片闭合则说明导体不带电。

**设计意图**

培养学生设计实验的能力，以及科学探究中严谨认真的科学态度。

## 环节二

实验探究过程：使用如图 5 所示装置进行探究实验，学生观看实验视频，思考相关问题。

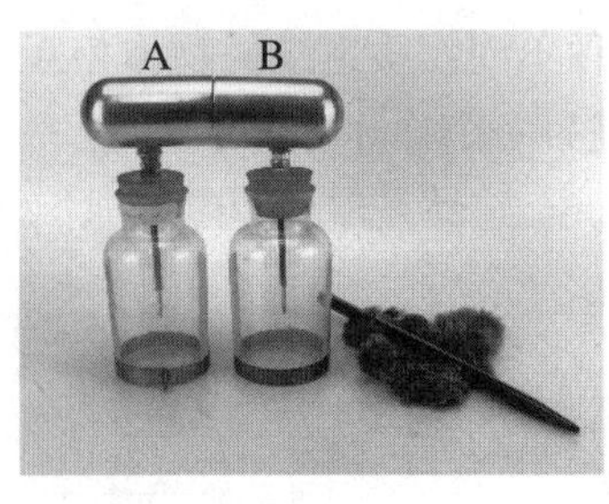

图 5

7. 取一对用绝缘瓶支持的导体 A 和 B，使它们彼此接触。起初导体不带电，贴在下部的两片金属箔是闭合的。

8. 将与毛皮摩擦过的橡胶棒移近金属导体 A 和 B，金属箔有什么变化？再将橡胶棒远离导体，金属箔又有什么变化？实验现象说明了什么？

（将与毛皮摩擦过的橡胶棒移近导体，金属箔由闭合变为张开，表明导体 A、B 都带了电；再将橡胶棒移开，金属箔又由张开变为闭合，表明导体 A 和 B 又恢复到原来的电中性状态。）

9. 实验中橡胶棒与导体 A 和 B 没有接触，也没有摩擦，是一种新的带电方式。橡胶棒是如何让导体 A 和 B 两端带电的？根据自己的推测谈谈可能的物理图景是怎样的。

（带电的橡胶棒对导体内部的电荷分布产生了影响。橡胶棒带负电，当橡胶棒靠近导体时，导体 A、B 中的自由电子会在橡胶棒所带负电的排斥作用下远离橡胶棒，从而导体靠近

橡胶棒的一端带上正电，而远离橡胶棒的一端带上负电。）

10. 将导体A、B分开，然后移去橡胶棒，金属箔有什么变化？实验现象说明了什么？试分析原因。将导体A、B接触，又会看到什么现象？请再做分析。

（金属箔仍然是张开的，但张角变小了，说明导体A、B仍然带电；当橡胶棒移去后，导体A和B上的电荷会重新分布，导体A、B两端的电荷会有一部分分散掉，所以金属箔的张角会减小。将导体A、B接触，由于两导体所带电荷等量异号，所以电荷中和，金属箔闭合。）

**设计意图**

通过对实验现象的观察以及对现象背后物理原因的分析，加深学生对金属结构模型的理解和带电本质的认识，为电荷守恒定律的得出做好铺垫。

# 实验二　定性探究电荷间作用力与距离、电量关系

## 一、实验设计意图

“定性探究电荷间作用力与距离、电量关系”是 2019 年版新教材第九章“静电场及其应用”第二节一个引入新课的重要演示实验。教材上的实验如图 1 所示。

**问题？**

带正电的带电体C置于铁架台旁，把系在丝线上带正电的小球先后挂在$P_1$、$P_2$、$P_3$等位置。带电体C与小球间的作用力会随距离的不同怎样改变呢？

在同一位置增大或减小小球所带的电荷量，作用力又会怎样变化？电荷之间作用力的大小与哪些因素有关？

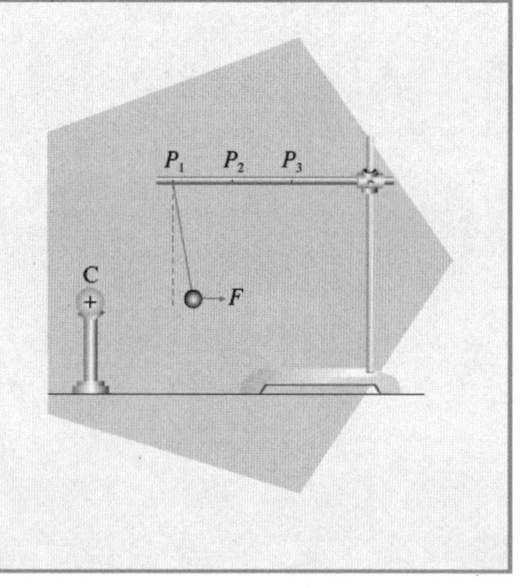


图 1

本实验是帮助学生建构点电荷模型，启发学生定性探究影响电荷间相互作用力因素的重要实验，也是学生学好库仑定律的基础。通过该实验，还能帮助学生体会研究问题的一个重要的研究方法——控制变量法，为学生后期学习库仑定律理解库仑的科学研究方法奠定基础。

本实验通过探究影响带电小球 C 与悬挂小球间相互作用力的因素，可以实现以下几个

目标。第一,帮助学生学会抓住主要矛盾,忽略次要因素的研究方法。将两个带电体看作是点电荷,可方便进行实验探究。带电体自身的大小远小于它们之间的距离,使得带电体自身的大小、形状及电荷分布状况对所讨论的问题影响甚小时,可将带电体看作是一个带电的点,称为点电荷。第二,引导学生思考,当锡箔球静止时,丝线张开角度的大小,可以间接反映电荷间相互作用力的大小。即 $\tan\theta=\frac{F_{静}}{mg}$,$\theta$ 角越大,表明静电力 $F$ 越大。第三,帮助学生采用控制变量的方法进行研究。在探究的过程中,先保持带电体 C 和带电小球的电荷量不变,改变两个带电体之间的距离,探究作用力和距离之间的关系;再保持两个带电体的位置不变,通过增大或减小带电体所带的电荷量,探究相互作用力与电荷量之间的关系。

此探究实验的成功演示,可以激发学生在真实情景下对现象的感知,进而激发学生的求知欲。让学生基于真实体验,通过探究,得到影响电荷间相互作用力因素的结论,是学生更好地建立和理解库仑定律的基础。我们在查阅了大量关于此实验的资料后发现,由于此实验实现起来难度较大,对环境的要求较高,所以大部分实验视频只是粗略地进行了研究,实验的过程中存在很多不严谨之处。参看新教材必修三的教材辅助光盘,也没能实现将小球始终悬挂在铁架台上,通过改变带电体间的距离对比观察丝线张开角度的变化的要求。所以,在进行此部分内容的教学时,萌生了按照教材上的装置实现实验探究过程和解决问题的想法。

# 二、实验设计内容

## (一) 设计思路

“定性探究电荷间作用力与距离、电量关系”是探究型实验,本实验要想成功实现,需要突破几个难点:

1. 静电实验对环境的要求较高,需要保持环境干燥,避免带电体放电而影响实验效果。所以该实验在上课时直接进行演示难度较大。一是较大的教室环境空间很难做到空气干燥,二是上课时教室里人员较多,人员的呼吸会使得教室空气里水蒸气较多,实验环境很难保障。为了能成功完成此探究实验,需要在一个空间较小的实验室中进行,并配备空气抽湿器,采用录像的方式呈现实验过程。

2. 如何实现教材上所述“把系在丝线上的带正电的小球先后挂在 $P_1$、$P_2$、$P_3$ 等位置”的实验过程操作?此要求难度较大。因为将小球系在不同位置,解下丝线后再系在其他位置,这一过程需要的时间较长,很难做到让小球在这么长时间内不出现放电情况,仍保持原来的电荷量。如果将套在铁架台横杆上的丝线移动到不同位置,悬挂在丝线上的带电小球晃动比较厉害,无法观察其角度的变化。这也是很多实验视频不成功的重要影响因素。为了突破这一难点，在实验探索过程中尝试了很多方法，例如不用手推环套而用长木杆推动环套；将丝线系在铜环上，推动铜环在铁架台横杆上移动，等等。最终的实验效果都不是很理想。在经过多次尝试，改进方法后，最终想到将丝线套在纸环套上，缓慢推动纸环套，方能保证系在丝线上的小球平稳移动，而不会出现明显晃动。这样的实验操作设计，解决了将小球放在离带电体不同位置的操作困难，使得观察者能够比较清晰地观察到小球在不同位置时丝线张开角度的变化。实验难点得到了突破。

3. 在实验过程中，将丝线悬挂小球从离带电体 C 较近位置 $P_1$ 移动到较远的 $P_2$、$P_3$ 等位置后，张角变小，观察者可能会质疑是由于放电，使得两个带电体所带电荷量减少，才造成张角变小。为了打消这个疑虑，在实验设计中，考虑将丝线悬挂小球从距离带电体 C 较远位置 $P_3$ 移动回到较近的 $P_2$、$P_1$ 等位置，再一次观察丝线张角逐渐变大的过程。这样的操作，使得整个实验过程更加严谨，实验现象更加明显。学生通过认真观察，可以很自然地得出“保持带电体 C 和带电小球的电荷量不变，距离增大，二者之间的静电力减小；反之，二者距离减小时，静电力增大”的结论。

本实验的设计和实施过程中，虽然遇到了很多困难，但是经过反复尝试，实验呈现的效果还是比较令人满意的。通过该实验的设计与反复尝试，直至最终成功的过程，可以培养学生探索自然的内在动力，严谨认真、实事求是和持之以恒的科学态度。

## （二）实验原理

本实验是对库仑定律的定性探究实验。实验依据的原理包括：

1. 平衡条件。丝线悬挂小球与带电体 C 间存在静电力，受力分析如图 2 所示，即 $\tan\theta = \dfrac{F}{mg}$，$\theta$ 角越大，表明静电力 $F$ 越大。

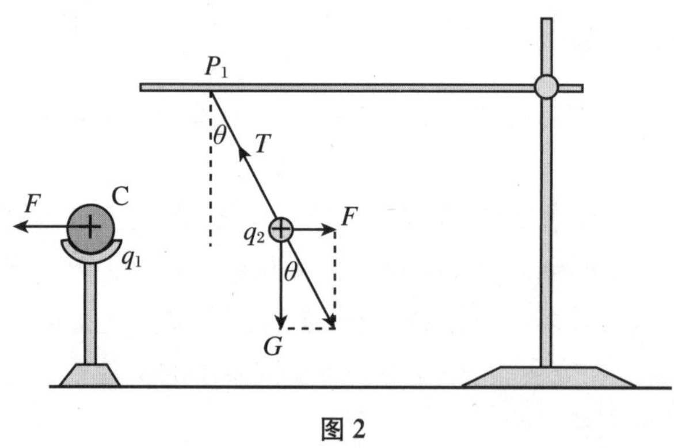


图 2

2. 库仑定律。

$$F = k\frac{q_1 q_2}{r^2}$$

即电荷之间的作用力 $F$ 与 $q_1$ 和 $q_2$ 的乘积成正比，与距离 $r$ 的二次方成反比。

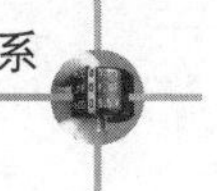

定性的结论：实验表明，电荷之间的作用力随着电荷量的增大而增大，随着距离的增大而减小。

实验原理图如图 3 所示。

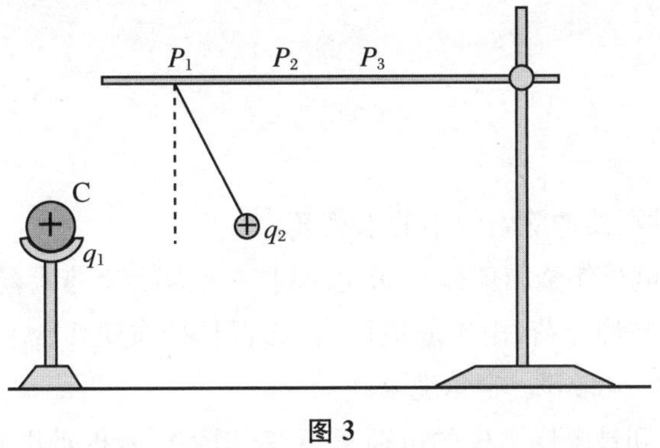


图 3

## （三）实验器材

手持静电起电机，金属球体 C 和带有丝线的锡箔小球，铁架台，套在铁架台上的纸质管套。

## （四）实验装置

实验装置照片如图 4 所示。

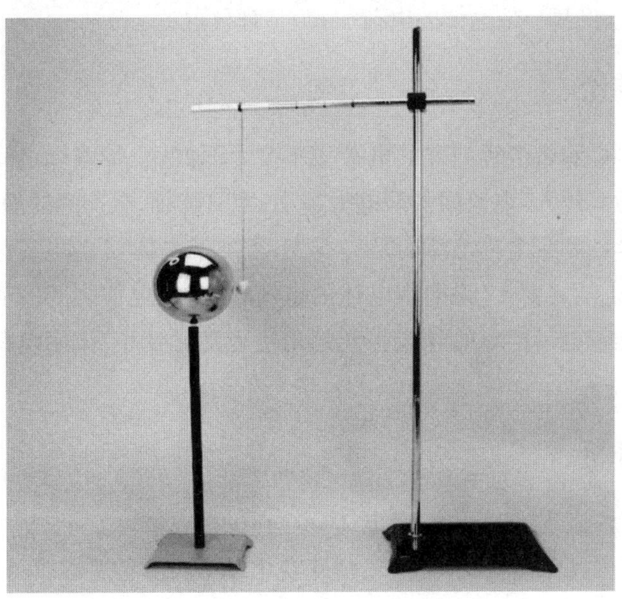

图 4

# 三、实验实施过程

## (一) 实验步骤

1. 前期准备:用抽湿器抽除空气中的水蒸气。

2. 用手持静电起电机使金属球体 C 带电,悬挂在铁架台上带有丝线的锡箔球与金属带电球体 C 接触后带上同种电荷,由于静电斥力,使得悬挂在铁架台上的锡箔球远离带电体 C,悬挂带电锡箔球的丝线张开一定角度 $\theta$。

3. 保持带电体 C 和带电锡箔球的电荷量不变,用手缓慢推动纸套,使带电锡箔球分别移动至 $P_1$、$P_2$、$P_3$等位置,观察丝线张开角度的变化情况,会得出什么结论?继续用手缓慢推动纸套,使带电小球从最远端 $P_3$移动回到 $P_2$、$P_1$等位置,丝线张开的角度又会发生怎样的变化,进而得出什么结论?

4. 保持带电锡箔球在 $P_1$位置不变,即保持带电体 C 和带电锡箔球的距离不变,使用静电起电机使带电体 C 的电荷增加,观察悬挂带电锡箔球丝线张开角度的变化;用一个不带电的金属球与带电体 C 接触,使其电荷量减少,观察悬挂带电锡箔球丝线张开角度的变化,进而得出什么结论?

5. 实验结束后,将两个带电体的电荷放掉,整理仪器。

## (二) 实验结论

1. 保持带电体 C 和带电锡箔球的电荷量不变,增加两个带电体之间的距离,丝线张开的角度变小,说明距离越大,电荷间的静电力越小;距离越小,电荷间的静电力越大。

2. 保持带电体 C 和带电锡箔球的距离不变,增加带电体 C 的电荷量,悬挂带电锡箔球的丝线张开的角度也随之变大,说明带电体的电荷增大,带电体之间的静电力增大;减小带电体的电荷量,悬挂带电锡箔球的丝线张开的角度也随之变小,说明电荷减少,带电体间的静电力减小。

## (三) 误差分析

1. 由于空气无法做到绝对干燥,带电体会存在少量放电。

2. 在观察丝线张开角度变化时,由于角度变化较小而不易观察。

## (四) 注意事项

1. 带电体 C 要选择体积稍大些的金属球,带丝线的小球应选择体积小、质量也比较小

的锡箔球。

2. 用手持静电起电机使带电体 C 带电时，接触一下即可，带电量不易过大，也不易太小，尽量使其带电均匀。

3. 推动纸套时速度尽量慢一些，让小球尽量平稳移动。

4. 尽量减少实验过程的时间，避免两个带电体因时间过长，电荷消失较多而影响实验效果。

# 四、实验达成的效果

本探究实验，达到了比较满意的效果：

1. 成功地再现了教材上该节的引入实验，为学生学习库仑定律的定量表述奠定了基础。

2. 使学生对于点电荷模型的建立有了更加深入的理解。

3. 帮助学生掌握控制变量的研究方法，理解该方法是物理学研究问题的重要方法。

# 五、实验拓展及展望

1. 定性实验，定量分析。此实验虽然是一个定性实验，但也可以利用学生原有的力学知识，分析电荷间的静电力和丝线张开角度的关系：$F_{静} = mg\tan\theta$。用量角器量出丝线张开的角度，寻找 $F_{静}$ 与 $\tan\theta$ 之间的关系。

2. 当减少带电体 C 的电荷量时，可以采用库仑扭秤的实验思路，用一个与带电体 C 大小完全相同的另一个不带电的金属球与之接触，分去一半的电荷量，测量张开角度的变化，计算 $\tan\theta$ 的变化是否减半，进而分析 $F_{静}$ 是否在误差允许的范围内也近似减半。

# 六、实验理解反馈

1. 如图 5 所示，O 为带正电的导体球，用绝缘丝线将一个带电小球分别悬挂在 $A$、$B$、$C$ 三个位置，调节丝线长度，使带电小球与导体球 O 的球心保持在同一水平线上，小球静止时的状态如图所示。可推断：小球带________（选填“正”或“负”）电荷；悬挂在________（选填

“$A$”“$B$”或“$C$”)位置时小球受到的电场力最小。现用另一与O完全相同的不带电导体球与O接触后移开,则$A$位置丝线与竖直方向的夹角$\theta$将________(选填“变大”或“变小”)。

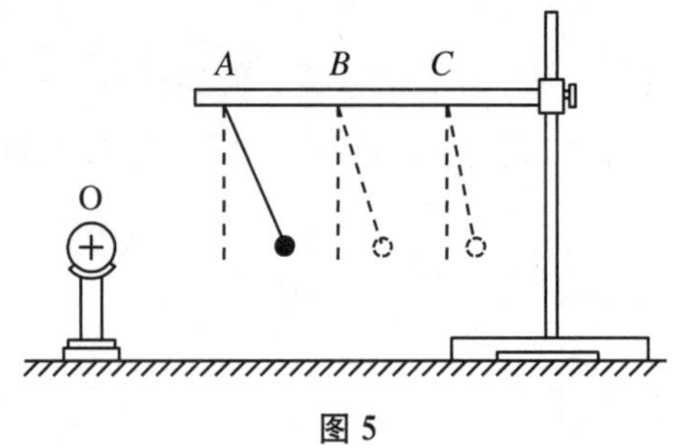


图5

2. 如图6所示,一带负电的导体球M放在绝缘支架上,把系在绝缘丝线上的带电小球N挂在横杆上。带电小球N的质量为$m$,当小球N静止时,丝线与竖直方向成$\theta$角,由此推断小球N带________电荷(选填“正”或“负”)。两个带电体之间的静电力$F$大小为________,带电体N所受静电力的方向为________。

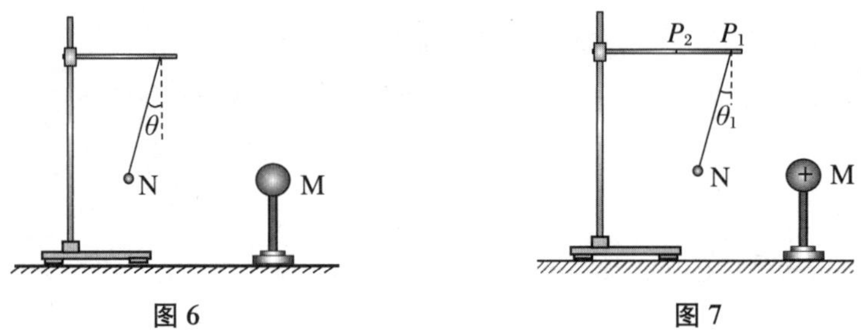


图6　　　　图7

3. 如图7所示,一个带正电的球体M放在绝缘支架上,把系在绝缘丝线上的带电小球N先后挂在横杆上的$P_1$和$P_2$处,当小球N静止时,丝线与竖直方向的夹角分别为$\theta_1$和$\theta_2$($\theta_2$图中未标出),则(　　)。

A. 小球N带正电,$\theta_1>\theta_2$　　B. 小球N带正电,$\theta_1<\theta_2$

C. 小球N带负电,$\theta_1>\theta_2$　　D. 小球N带负电,$\theta_1<\theta_2$

**答案**

1. 正,$C$,变小。

2. 负,$F=mg\tan\theta$,沿两个带电体球心连线并远离M。

3. A。

# 七、实验教学建议

本实验是库仑定律一节的引入实验。此探究实验的目的,是让教师重视学生体验从猜

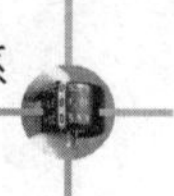

想到验证的过程、掌握控制变量和定性探究的科学研究方法。通过实验探究过程，使学生先有感性认识，再上升到理性分析。让学生通过观察、猜想、验证、总结并得出结论，是本实验在演示过程中培养学生科学探究能力的重要体现。

## 实验教学片断

### 环节一

在探究实验之前，引导学生建立模型，为实验探究做准备。

1. 电荷间相互作用有什么特点？

（电荷间存在相互作用：同种电荷互相排斥，异种电荷互相吸引。）

**设计意图**

复习电荷间相互作用的特点，为后续的受力分析和实验探究做准备。

2. 猜想影响带电体间相互作用力大小的因素有哪些。

3. 学生可能会猜想：

(1) 与带电体所带的电荷量有关。

(2) 与两个带电体之间的距离 $r$ 有关。

(3) 将两个带电体放在某种绝缘介质中，相互作用力可能会受到影响。

(4) 带电体的大小、形状各异，电荷的分布也不同，这些因素可能会影响相互作用力。

**设计意图**

培养学生在科学探究过程中的猜想能力。

4. 这么多因素都可能影响电荷间的相互作用，我们怎样简化这些因素，方便进行实验研究？

5. 看来，带电体之间的相互作用力的问题还很复杂。

由于小球带电而产生作用力，带电体间的相互作用一定会与小球所带的电荷量 $q_1$、$q_2$ 有关。同学们也会考虑到，带电体间的距离 $r$ 的大小也会影响相互作用力。当然，这种作用力还会受到带电体所处的介质环境和其自身的大小、形状以及电荷分布等因素的影响。

6. 怎样简化这些因素，方便我们进行定量的实验研究呢？

7. 教师引导：若想忽略介质的影响，可研究带电体在真空中的相互作用。

8. 同时，虽然带电体自身的大小和电荷分布对相互作用有影响，但能否简化这个因素，来方便进行研究呢？通常情况下，在研究带电体间的相互作用时，带电体的大小、形状及电荷分布会对它们之间的力有影响。但如果带电体之间的距离很大，例如，两个带电体间的距离是自身大小的30倍，即带电体自身的大小远小于它们之间的距离，使得带电体自身的大小、形状及电荷分布状况对我们所讨论的问题影响甚小时，可把带电体看作是一个带电的点，称为点电荷。点电荷是实际带电体在一定条件下的抽象，是为了简化某些问题的讨论而引进的一个理想化的模型。它类似于力学中的质点。

**设计意图**

培养学生建构模型的能力。帮助学生理解如何抓住主要因素，忽略次要因素进行模型建构。

## 环节二

实验探究过程。

9. 既然影响带电体相互作用力的因素有两个，在研究的过程中，应该采用什么样的方法进行实验研究？

（学生思考、讨论、回答：采用控制变量的方法。）

10. 使用以下装置进行实验探究。

装置介绍：系在丝线上的不带电的小球A竖直放置。将带正电的带电体C置于铁架台旁，并使系在丝线上的小球A也带正电。先将小球悬挂在$P_1$位置，猜测小球静止时会怎样？小球受到几个力的作用？这几个力之间的关系如何？

小球静止时丝线会张开一定角度。

小球受三个力的作用，如图8所示。

$$\tan\theta = \frac{F}{mg}$$

$\theta$角越大，表明静电力$F$越大。

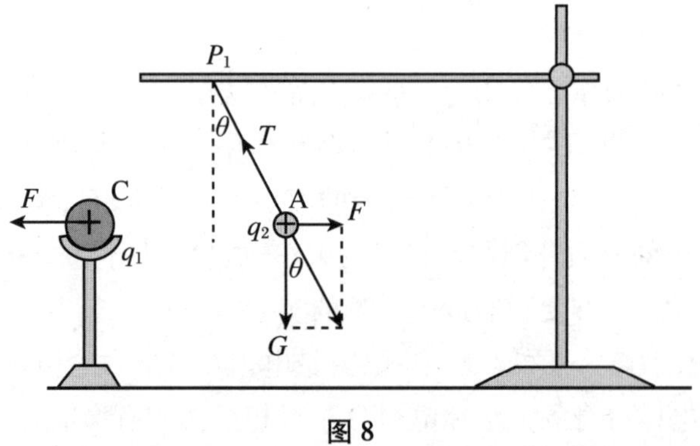


图8

（学生观看实验视频并思考。）

11. 保持两个带电体的电荷量不变，将小球从 $P_1$ 位置移动到 $P_2$、$P_3$ 等位置，观察丝线张开的角度有什么变化。此现象说明了什么？

（丝线张开的角度逐渐减小，说明两个带电体的电荷量保持不变的情况下，带电体间的距离 $r$ 越大，相互作用力 $F$ 越小。如图 9 所示。）

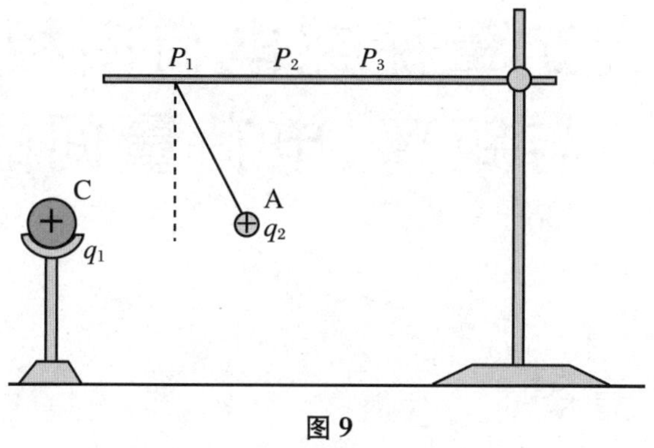


**图 9**

12. 将小球 A 悬挂在某一固定位置，将起电机与带电体 C 接触，增大带电体所带的电荷量，观察悬挂小球丝线张开角度的变化。

13. 将小球 A 悬挂在某一固定位置，用一个与 C 完全相同的不带电的小球 B 与带电体 C 接触，分去 C 一部分电荷量，观察悬挂小球丝线张开角度的变化。分析电荷量的改变对相互作用力的影响。

**设计意图**

采用控制变量法进行实验探究。用一个与带电小球完全相同的不带电小球分去一部分电荷量，为库仑扭秤实验均分电荷量的思想方法做铺垫。

14. 通过定性的实验探究，你可以得到怎样的结论？

15. 学生讨论并总结：

（1）电荷量保持不变，距离增大，电荷间相互作用力减小。

（2）距离保持不变，电荷量增大，电荷间相互作用力增大。

# 实验三　定量探究电荷间相互作用与距离、电荷量间的关系

## 一、实验设计意图

"库仑定律"是2019年版新教材第九章"静电场及其应用"第二节的内容。"库仑定律"是静电场部分的重点内容,也是电学部分的核心规律之一。在原有教材的基础上,新教材对"库仑定律"的要求更加强调通过实验探究引导学生体会研究库仑定律过程中的物理思想方法,并加强了对学生进行科学本质观的教育。

《北京市普通高中物理学科教学指导意见(2018年版)》中要求:知道点电荷模型,知道点电荷间相互作用的规律,体会库仑扭秤实验设计的巧妙之处。针对新教材和"指导意见"的要求,在设计本实验时,力求为学生呈现良好的实验过程和实验效果,让学生在定量探究点电荷间相互作用规律的过程中去领悟物理思想方法,提高学生的科学探究能力和科学思维水平。

教材中从两个方面对库仑定律进行了着重介绍,一方面是库仑定律建立的历史背景;另一方面是库仑扭秤实验的设计思路,以及实验中巧妙的思想方法。这两方面的内容对于培养学生的好奇心、求知欲、理性思维能力等有着积极的价值。但是,教材考虑到库仑扭秤实验在知识层面和技能层面的难度,并没有对学生提出实验操作和定量探究的要求。为了更好地发挥库仑扭秤实验的教学价值,进一步提升学生的科学探究能力、科学思维水平以及严谨务实的科学态度等核心素养,加深学生对相关物理思想方法的领悟,我们设计了本实验。

本实验结合现代实验技术为学生设计了定量探究点电荷间相互作用规律的实验方案,为学生经历规律的发现过程提供了深度学习和研究的平台。本实验在创新设计时,借鉴了库仑扭秤实验的重要思想方法,例如微小力放大的思想;距离不便于测量,库仑当时通过等倍改变距离实现了距离的测量,此方法是转换的思想方法;本实验还用到均分思想,还原了

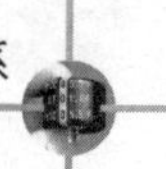

库仑的巧妙办法。电荷量无法直接测量，可利用一个带电的金属小球与另一个不带电的完全相同的金属小球接触，前者的电荷量会分给后者一半，通过此平分电荷量的方法可知电荷量的变化情况。重复多次，可以将电荷量多次平分，得到 $q/2$、$q/4$、$q/8$ 等。关于实验数据的处理，本实验详细讲解了利用转换的思想，转变分析的物理量，更加直观地找到各物理量之间的定量关系。

# 二、实验设计内容

## （一）设计思路

将球形带电体 A 置于分析天平上，将球形带电体 B 置于游标尺上，并使球形带电体 B 处于球形带电体 A 的正上方。保持两球形带电体的带电量不变，改变带电球体 A 和带电球体 B 之间的距离，根据观察和分析天平的示数，分析带电球体 A、B 之间相互作用力的情况。保持带电球体 A、B 的竖直距离不变，用不带电的球形导体 C 与带电球体 B 接触，改变带电球体 B 的带电量，再根据分析天平的示数，分析带电球体 A、B 之间相互作用力的情况，进而分析两带电球体之间相互作用的定量规律。

## （二）实验原理

电荷之间有相互作用力，当两带电体的电荷量不变，改变两带电体之间的距离时，其中一个带电体在另一个带电体所在位置处激发的场强会发生变化，带电体之间的相互作用力也会发生变化；当两带电体之间的距离不变，改变一个带电体的电荷量时，此带电体在另一带电体所在位置处激发的场强会发生变化，两带电体之间的相互作用力也会发生变化。

## （三）实验器材

球形导体，分析天平，游标尺，手持静电棒，可调平台。

## （四）实验装置

实验装置照片如图 1 所示。

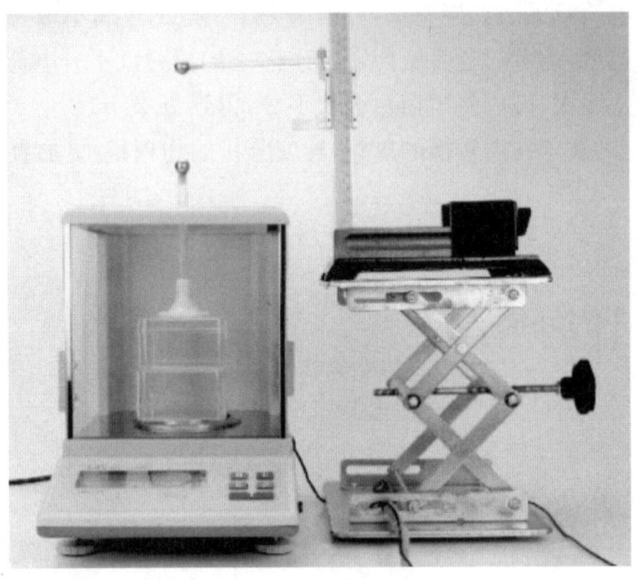

图 1

# 三、实验实施过程

## (一) 实验步骤

1. 前期准备:用抽湿器抽除实验室空气中的水蒸气。

2. 将球形导体 A 置于分析天平上,并将固定在游标尺上的球形导体 B 置于 A 的正上方。

3. 点击分析天平的“调零”按钮,使分析天平示数为零。

4. 将手持静电棒分别与球形导体 A、B 接触,让两导体球带电。

5. 通过游标尺读出球形导体 A、B 球心间的距离,并观察和记录天平的示数。

6. 改变球形导体 A、B 球心间的距离,并记录球心距离和分析天平的示数;重复实验,测量多组数据,分析两带电球体 A、B 间的相互作用力与电荷间距离的关系。

7. 保持球形导体 A、B 间的距离不变,用与 B 完全相同的不带电的球形导体 C 接触导体 B,移走导体 C 后,观察并记录分析天平的示数。

8. 将导体 C 放电后再次与带电体 B 接触,移走导体 C 后,再次观察并记录分析天平的示数;重复实验,测量多组数据,分析带电球体 A、B 间的相互作用力与带电量的关系。

9. 根据实验测量数据进行综合分析,探寻电荷间相互作用的规律。

## （二）数据分析

1. 探究两个带电体间相互作用力 $F$ 与它们之间距离的关系。

（1）当带电导体 A、B 间距离增大时，电荷间的相互作用力减小。实验数据如表 1 所示。

**表 1**

| 球心距离/cm | 10.00 | 9.00 | 8.00 | 7.00 | 6.00 | 5.00 |
|---|---|---|---|---|---|---|
| 分析天平示数/g | 0.009 | 0.010 | 0.013 | 0.018 | 0.024 | 0.033 |

（2）将表 1 中的数据换算成力 $F$ 和 $r^2$，数据如表 2 所示。

**表 2**

| 球心距离 $r^2/10^{-2}\ \mathrm{m}^2$ | 1.000 | 0.810 | 0.640 | 0.490 | 0.360 | 0.250 |
|---|---|---|---|---|---|---|
| 相互作用力/$10^{-4}$ N | 0.88 | 0.98 | 1.27 | 1.76 | 2.35 | 3.23 |

（3）画出 $F$ 和 $r^2$ 关系图像如图 2 所示。

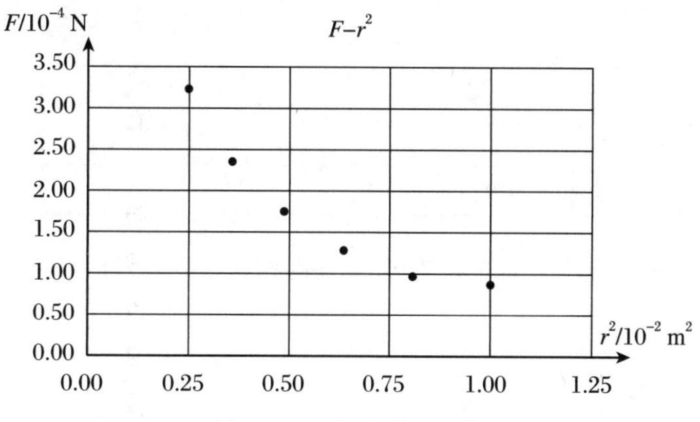


**图 2　力 $F$ 与 $r^2$ 关系图像**

（4）作用力 $F$ 随 $r^2$ 的变化是曲线，不方便直观找到规律。转换坐标，将横坐标 $r^2$ 转换成 $1/r^2$，如表 3 所示。

**表 3**

| 球心距离 $(1/r^2)/(1/10^{-2}\ \mathrm{m}^2)$ | 1.000 | 1.235 | 1.563 | 2.041 | 2.778 | 0.400 |
|---|---|---|---|---|---|---|
| 相互作用力/$10^{-4}$ N | 0.88 | 0.98 | 1.27 | 1.76 | 2.35 | 3.23 |

(5) 画出 $F$ 和 $1/r^2$ 关系图像如图 3 所示。

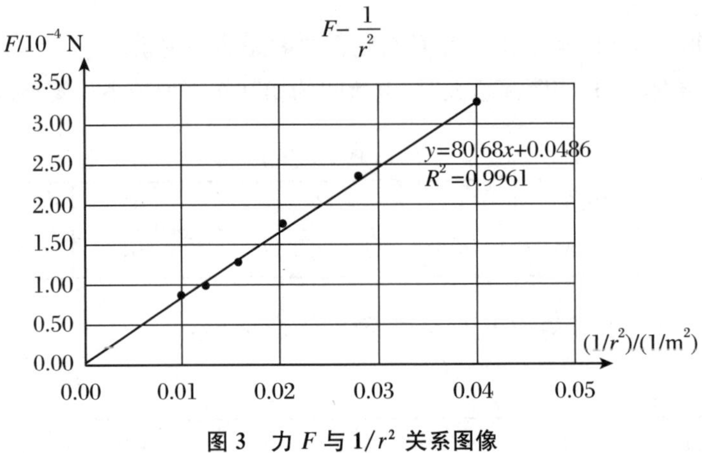


**图 3　力 $F$ 与 $1/r^2$ 关系图像**

由图 3 可直观得出结论:在误差允许的范围内,电荷间相互作用力与两带电体间距离的平方成反比。

2. 当带电导体 B 的电荷量减少时,电荷间的相互作用力减小。实验数据如表 3 所示。

**表 3**

| 小球 B 带电荷量 | $q$ | $\frac{1}{2}q$ | $\frac{1}{4}q$ | $\frac{1}{8}q$ |
|---|---|---|---|---|
| 分析天平示数/g | 0.020 | 0.009 | 0.004 | 0.002 |

由表 3 得出结论:在误差允许的范围内,电荷间相互作用力与某个带电体所带电荷量成正比。

## (三) 实验结论

在两球形导体带电量不变的情况下,带电体间的相互作用力与距离平方成反比;在两球形带电导体球心距离不变的情况下,带电体间的相互作用力与两球的带电量的乘积成正比。

## (四) 注意事项

1. 用带电球体代替点电荷,当带电球体靠近时,电荷在球体上的分布会对测量结果造成影响。在实验过程中应注意控制好带电球体的带电量及带电体球心间的距离,减少导体上电荷分布对测量结果的影响。

2. 实验进行的时间不宜过长,避免带电体放电较多而造成测量不准确。

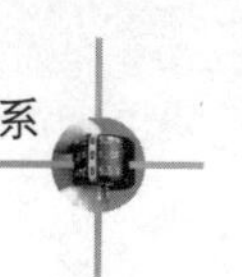

# 四、实验达成的效果

1. 本实验巧妙使用分析天平实现了库仑定律的定量研究，实验过程的稳定性好，测量结果更加直接且准确，实验效果显著。

2. 通过对电荷间相互作用规律的定量探究，学生的核心素养水平得到进一步提高，并对实验设计的思想方法有了更加全面而深入的理解，取得了良好的教学效果。

# 五、实验拓展及展望

1. 用分析天平测量带电球体间相互作用力的精度不是很高，可以使用精度更高的力传感器来测量带电体间的相互作用力，以提高测量的精度。

2. 空气的干燥程度对本实验的测量有较大影响，可以进一步探索在更加干燥的环境中进行实验探究，如可以将实验器材放在一个相对干燥的密闭空间进行等。

# 六、实验理解反馈

1. 关于探究影响电荷间相互作用因素的实验，下列说法中正确的是(　　)。

A. 该实验采用了控制变量法

B. 该实验采用了科学假设法

C. 保持小球的带电荷量不变，增大距离，发现偏角减小，说明电荷间的作用力减小

D. 保持小球的位置不变，增加其带电荷量，发现偏角减小，说明电荷间的作用力减小

2. 对库仑定律，下列说法正确的是(　　)。

A. 只要是计算真空中两个电荷间的相互作用力，就可以使用库仑定律

B. 两个带电小球即使距离非常近，也能用库仑定律计算库仑力

C. 相互作用的两个点电荷，不论它们的电荷量是否相同，它们各自所受的库仑力大小都相等

D. 库仑定律中的静电力常量 $k$ 只是一个比例常数，只有数值，没有单位

3. 关于“定量探究影响电荷间相互作用力大小的因素”实验，以下说法正确的是

(　　)。

A. 该实验中的两个带电小球,可近似视为点电荷

B. 该实验中,测量两个小球间的距离,应该测两个小球球心间的距离

C. 用不带电的小球 C 与带电小球 B 接触,分走 B 的电荷,对小球 C 的大小无要求

D. 电子秤的示数可反映两个带电小球间相互作用力的大小

4. 要使真空中的两个点电荷间的库仑力增大到原来的 4 倍,下列方法中可行的是(　　)。

A. 每个点电荷的带电量都增大到原来的 2 倍,电荷间的距离不变

B. 保持点电荷的带电量不变,使两个电荷间的距离增大到原来的 2 倍

C. 使一个点电荷的电荷量加倍,另一个点电荷电荷量保持不变,同时将两个点电荷间距离减小为原来的 1/2

D. 保持点电荷的电荷量不变,将两个点电荷的距离缩小到原来的 1/2

**答案**　1. AC　2. C　3. ABD　4. AD

# 七、实验教学建议

库仑定律是静电场部分的核心规律之一,是教学的重点内容。库仑扭秤实验在提升学生的物理学科核心素养水平、丰富学生的物理思想方法以及培养学生的科学本质观等方面都有着重要价值。在教学中,可以从演示实验开始,引导学生通过实验观察获得对电荷间相互作用的定性认识;然后再转入定量研究的讨论,通过对库仑定律建立的历史背景、库仑扭秤实验的设计思路和实验方法等全面深入的介绍,让学生对库仑扭秤实验的巧妙设计和思想方法有较为全面的了解和认识;最后进行定量的实验探究,让学生经历观察体验、提出猜想、实验探究、数据分析、归纳结论、总结规律等完整的学习过程,进一步深刻理解库仑定律的丰富内涵,深化学生对相关思想方法的理解和领悟。

## 实验教学片断

### 环节一

呈现演示实验,引导学生观察体验,获得定性认识。

1. 将不带电小球与带电体 C 接触后,挂在 $P_1$ 位置,如图 4 所示。提出问题:电荷间相互作用力的大小可能与哪些因素有关?

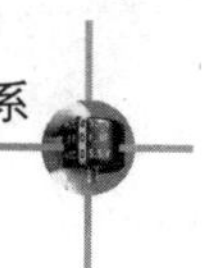

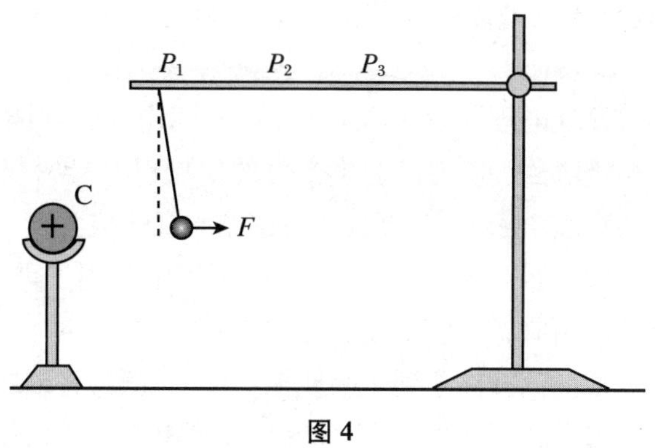


图 4

**设计意图**

通过实验观察，让学生获得感性认识，并引导学生对影响电荷间相互作用的因素进行分析并提出猜想。

2. 根据学生提出的猜想提出问题：如何通过实验对自己的猜想进行验证？引导学生进行实验方案的思考和设计。

**设计意图**

让学生根据自己的猜想设计实验并进行验证，培养学生的实验探究能力和科学态度。

3. 学生可能会有以下分析和设计。

应用控制变量法：(1) 控制带电体 C 的电量不变，增大 C 与悬挂小球的距离，通过观察丝线与铅垂线的偏角大小变化来分析电荷间作用力的变化情况；(2) 控制带电体 C 与悬挂小球之间的距离不变，减小悬挂小球的电量，通过观察静电摆与铅垂线的偏角大小变化分析电荷间作用力的变化情况。

**设计意图**

培养学生设计实验的能力，加深对控制变量法的理解，同时也为学习库仑扭秤实验的思想方法做好铺垫。

## 环节二

学习库仑扭秤实验，定量探究电荷间相互作用的规律。

4. 介绍库仑定律建立的历史背景，以及科学家在研究电荷间相互作用过程中的创造性思维和对真理的不懈追求。

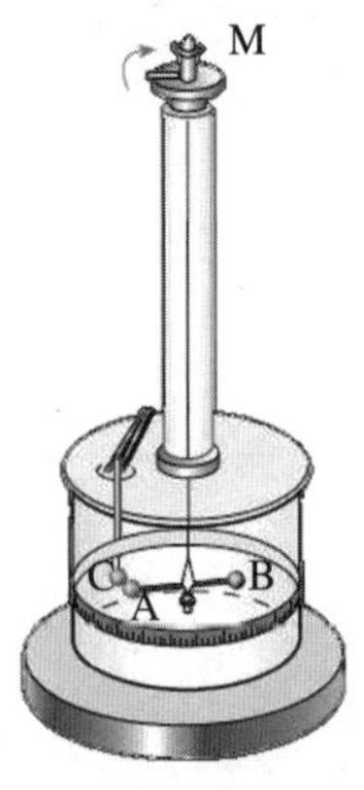


图 5

发现电现象后的两千多年的时间内，人们对电的了解一直处于定性的初级阶段。随着社会生产力的发展以及精密仪器的研究，对于 18 世纪的物理学家而言，寻找电力遵循的规律成为引人注目的研究课题。其中有四位科学家，在研究电力的历程中起到了重要的作用，他们是富兰克林、普利斯特利、卡文迪什和库仑。

富兰克林注意到一个使他不解的现象：将细线悬挂的带电软木小球放在带电金属筒外时，小球明显受到电力作用而使悬线倾斜。

法国科学家库仑是直接测量寻找电力规律的第一人，他设计了一个测量电力的扭秤装置（图 5），用来测量两个同号的点电荷之间的电斥力。

**设计意图**

让学生了解库仑定律建立的历史背景，并让学生的思维与科学家的思维产生共鸣，感受科学家研究问题的智慧和勇气，同时也为学生学习库仑实验做好认知和思维上的准备。

5. 先为学生讲解库仑实验的相关概念和知识（扭力的概念和力矩平衡的知识等），再全面细致讲解库仑扭秤实验的设计思路及实验方法；引导学生思考讨论库仑扭秤设计的巧妙之处，并总结库仑实验的思想方法。

思想方法包括：

(1) 放大法。

库仑利用银丝扭转的角度，将微小力多次放大后进行测量。（通过这样的扭秤装置，能够测量出 $10^{-8}$ N 的微弱作用力。）

(2) 转换法。

距离不便于测量，库仑当时通过等倍改变距离，实现了距离的测量。

(3) 均分思想。

电荷量无法直接测量，库仑想到了一个非常巧妙的办法，利用一个带电的金属小球与另一个不带电的完全相同的金属小球接触，前者的电荷量会分给后者一半的道理，通过平分电荷量的方法掌握了电荷量的变化情况。重复多次，可以将电荷量多次平分，得到 $q/2$、$q/4$、$q/8$ 等。

**设计意图**

通过库仑实验的学习，让学生了解库仑实验的巧妙设计，以及库仑解决问题的思想方法，同时培养学生的理性思维能力和严谨务实的科学态度。

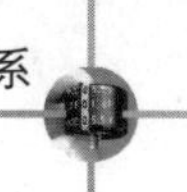

6. 在学生了解了库仑实验的基础上，向学生介绍定量探究电荷间相互作用力的实验方案和设计思想。

实验装置介绍：带支架的金属小球A，放在精度为千分之一克的电子秤上，金属小球B固定在游标卡尺上。调整两个小球球心在一条直线。通过手持起电机使得两个小球带电。电子秤可直接显示出小球间相互作用的电力。

**问题**　采用这套装置，我们是如何解决库仑当时遇到的困难的？

(1) 微小力不易测量：可以使用精确到1毫克的电子秤，通过其示数直接显示出两带电体之间力的大小，这样力的测量由间接改进为直接，更加方便。

(2) 距离不便测量：在支架上固定游标卡尺，可以更精确地测量两球心间距离。

(3) 电荷量无法直接测量：可以采用库仑的方法，利用均分规律可知电荷量的变化情况。

7. 介绍实验操作过程，引导学生通过实验探究、记录数据、分析数据，总结电荷间相互作用的特点及规律。

根据刚才的实验，将测量得到的两个球球心间的距离及秤的示数填入表格。

根据物理学家猜想的 $F$ 与 $r$ 的二次方成反比，将表格中的数据换算成力 $F$ 和 $r^2$。

以力 $F$ 为纵坐标、$r^2$ 为横坐标，画出力 $F$ 随 $r^2$ 变化的图像，可以看出：$F$ 随 $r^2$ 的变化是一条曲线。这是一条什么样的曲线呢？

（从这个图像，不能够直接得出结论。）

作用力 $F$ 随 $r^2$ 的变化是曲线，不方便直观找到规律。我们可以采取什么数据处理方法呢？

（处理数据的常用方法——转换坐标，将横坐标 $r^2$ 转换成 $1/r^2$。）

图像是一条过原点的倾斜的直线，说明作用力 $F$ 与 $1/r^2$ 成正比，即作用力 $F$ 与 $r^2$ 成反比。

结论：在误差允许的范围内，电荷间相互作用力与两带电体间距离的平方成反比。

**设计意图**

通过定量实验探究，让学生经历库仑规律的发现过程，为学生深度学习和研究提供平台。在探究过程中培养学生的科学探究能力、科学思维水平及严谨的科学态度等物理核心素养。

## 环节三

提出问题，引导学生思考，加深对库仑定律的理解。

8. 库仑定律表述中的带电体为点电荷，为什么要求必须是点电荷？

（必须是点电荷，点电荷是理想化模型，库仑定律是在带电体为点电荷的条件下建立的。）

9. 当两个带电体间的距离为 0 时，电荷间的相互作用力为无穷大吗？

（当两个带电体间的距离为 0 时，由于无法满足点电荷的条件，库仑定律不适用。）

10. 当空间存在多个点电荷时，该如何计算点电荷受到的静电力？

（库仑定律描述的是两个点电荷之间的作用力。当多个点电荷同时存在时，每两个点电荷间的作用力仍遵守库仑定律。两个或两个以上点电荷对某一个点电荷的作用力，等于各个点电荷单独对这个点电荷作用力的矢量和。）

**设计意图**

通过问题的思考和讨论，加深学生对库仑定律的认识和理解，提高学生应用库仑定律解决实际问题的能力。

# 实验四　探究电荷在导体表面分布的特点

## 一、实验设计意图

“静电平衡导体上的电荷分布特点”是2019年版新教材第九章“静电场及其应用”第四节的内容。本节内容是电学部分教学的难点。新教材在静电屏蔽部分给出了处于静电平衡状态的导体的电荷分布特点，但并没有对电荷分布的特点进行更深入的分析和探讨。学生在学习这一规律时会遇到一定的困难，同时在理解上不够全面和深刻。

为了让学生能够对处于静电平衡的导体的电荷分布特点有更加全面而深入的认识，在教学中采用新的实验器材以动态演示的方法来突破难点。

## 二、实验设计内容

### (一) 设计思路

在金属网内、外表面系上红色丝线。用导线将金属网与手摇感应起电机相连，通过手摇感应起电机让金属网带电。将金属网摆放成特定的形状，如S形、U形、平面形，通过观察金属网上红色丝线的状态来分析金属网上电荷分布的特点。本实验为操作型实验。

### (二) 实验原理

处于静电平衡的导体的电荷只分布在导体的外表面。将金属网摆成不同的形状，通过对金属网上红色丝线的状态进行分析，得到处于静电平衡导体上电荷的分布特点。

### （三）实验器材

金属网，红色丝线，导线，手摇感应起电机。

### （四）实验装置

实验装置照片如图 1 所示。

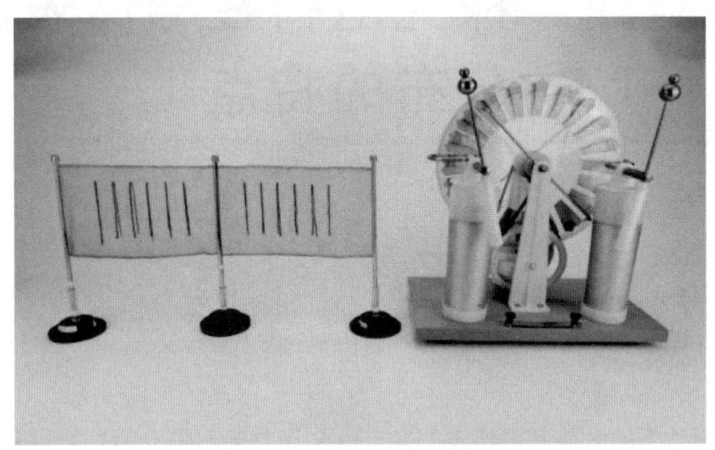

图 1

## 三、实验实施过程

### （一）实验步骤

1. 前期准备：用抽湿器抽除实验室空气中的水蒸气。
2. 将金属网摆成 U 形。
3. 用导线将金属网与手摇感应起电机相连，摇动感应起电机。
4. 演示后进行人工放电。
5. 将金属网摆成 S 形，摇动感应起电机。
6. 演示后进行人工放电。
7. 将金属网摆成平面形，摇动感应起电机。
8. 演示后进行人工放电。

### （二）现象分析

1. 金属网摆成 U 形，通过手摇感应起电机让金属网带电后，金属网外表面的红色丝线

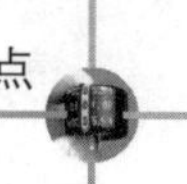

飘起，金属网内表面的红色丝线处于静止状态，说明金属网的电荷分布在“外表面”。

2. 金属网摆成S形，通过手摇感应起电机让金属网带电后，金属网外表面的红色丝线飘起，金属网内表面的红色丝线处于静止状态，说明金属网的电荷分布在“外表面”。

3. 金属网摆成平面形，通过手摇感应起电机让金属网带电后，金属网两个面上的红色丝线都飘起，说明金属网的两个面均为“外表面”，电荷在两个面上均匀分布。

### （三）实验结论

处于静电平衡状态的导体的内部没有电荷，电荷只分布在导体的外表面。

### （四）注意事项

1. 空气潮湿时，放电严重，应通过手摇感应起电机让金属网带上足够电量。

2. 演示后要进行人工放电，确保仪器设备和操作者的安全。

## 四、实验达成的效果

本探究实验，达到了比较满意的效果：

1. 实验现象的呈现更加生动、丰富，学生的参与度更高。

2. 通过动态的实验观察和分析，学生更好地经历了规律的发现过程。

3. 通过动态的操作、引导、分析，学生对导体的“外表面”的认识更加全面，对处于静电平衡状态导体的电荷分布特点的理解更加深入。

## 五、实验拓展及展望

1. 本实验对验电帆（金属网）的带电量有较高要求，可以尝试使用更快的带电方式，以更好地展示实验效果。

2. 可以使用长度更长的金属网，将金属网摆成更多样的形状，让电荷分布的特点得到更好的展示。

# 六、实验理解反馈

1. 如图 2 所示，验电器 A 不带电，验电器 B 的上面安装有几乎封闭的金属圆筒 C，并且 B 的金属箔片是张开的，现手持一个带绝缘棒的金属小球 D，使 D 接触 C 的内壁，再移出与 A 的金属小球接触，无论操作多少次，都不能使 A 带电，这个实验说明(　　)。

A. C 是不带电的

B. C 的内部是不带电的

C. C 是带电的

D. C 的表面是不带电的

图 2

2. 如图 3 所示，在绝缘板上放有一个不带电的金箔验电器 A 和一个带正电荷的空腔导体 B。下列实验方法中能使验电器箔片张开的是(　　)。

A. 用取电棒 C(带绝缘柄的导体棒)先跟 B 的内壁接触一下后再跟 A 接触

B. 用取电棒 C 先跟 B 的外壁接触一下后再跟 A 接触

C. 用绝缘导线把验电器 A 跟取电棒 C 的导体部分相连，再把取电棒 C 与 B 的内壁接触

D. 使验电器 A 靠近 B

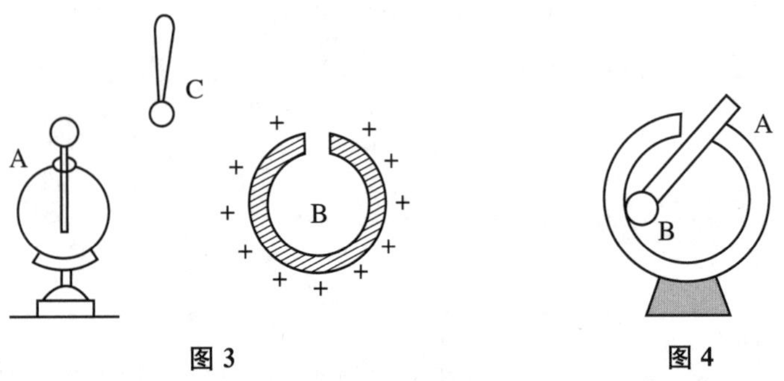


图 3　　　　图 4

3. 一个带绝缘底座的空心金属球 A 带有 $4\times10^{-8}$ C 的正电荷，上端开有适当小孔；有绝缘柄的金属小球 B 带有 $2\times10^{-8}$ C 的负电荷，使 B 球和 A 球内壁接触，如图 4 所示，则 A、B 带电量分别为 $Q_A=$ ________ C，$Q_B=$ ________ C。

**答案**　1. B　2. BCD　3. $2\times10^{-8}$，0

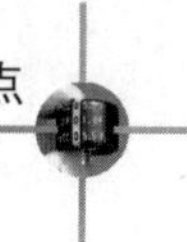

# 七、实验教学建议

本实验是“静电的防止与应用”一节中的演示实验，教学中应重视对实验现象的呈现和对现象背后物理原因的深入分析。教学中可以先引导学生回顾静电平衡状态下导体的特点，并据此通过理论分析推测处于静电平衡状态下导体上电荷的分布特点，然后设计实验进行验证。让学生经历理论分析、提出猜测、设计实验、进行验证等过程，从而培养学生的科学思维能力和实验探究能力；从理论和实验两个角度去研究问题，并将理论和实验相结合，引导学生全面、深入地认识物理规律，进而培养学生严谨认真的科学态度。

## 实验教学片断

### 环节一

在探究实验之前，引导学生进行理论分析，提出猜测并设计实验，为实验探究做好准备。

1. 导体的静电平衡状态是什么？

（处于电场中的导体，其内部自由电子不再发生定向移动，我们就说导体达到了静电平衡状态。）

2. 处于静电平衡状态的导体有什么特点？

（处于静电平衡状态的导体，其内部电场强度处处为0。）

3. 若导体上有净剩电荷，则导体处于静电平衡时，净电荷会分布在导体的什么部位？是导体内部还是表面，亦或导体内部和表面均有？请做理论分析。

（净电荷只会分布在导体表面。原因在于，若导体内部有静电荷，则导体内部就存在电场，如此导体内部的自由电子会继续发生定向移动，与处于静电平衡状态的导体的特点不相符。）

4. 电荷的分布不能直接观察，如何设计实验来显示电荷的分布情况，并进行验证呢？

学生可能会想到：

(1) 在导体上贴上金属箔来显示电荷的分布。

(2) 设想在导体内挖个“洞”来区分导体的内部和外部。

……

（教师首先要充分肯定学生的实验设计，然后进行点评和分析。）

5. 教师引导：在导体上贴金属箔确实可以显示电荷的分布，但是在导体内部（挖的洞）

贴金属箔不太方便，而且也不便于观察金属箔的变化情况。我们需要继续设计、寻找便于观察和检测导体不同部位带电情况的方式。

**设计意图**

培养学生设计实验的能力，以及通过实验搜集证据的意识。

## 环节二

实验探究过程。

6. 使用如图 5 所示装置进行实验探究。

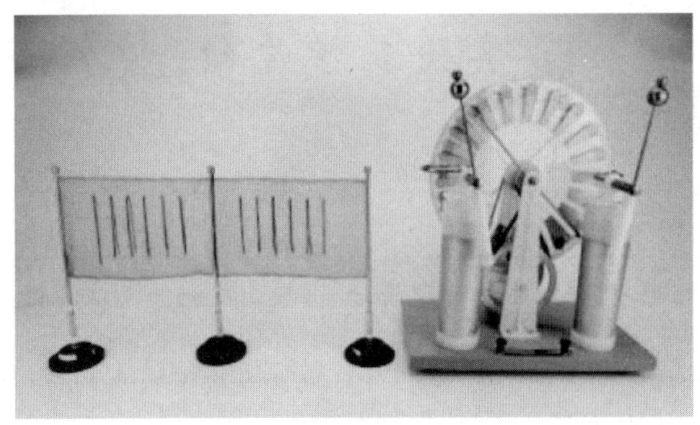

图 5

装置介绍：在金属网内、外表面系上红色丝线，并将金属网与手摇感应起电机用导线相连。

（学生观看实验视频并思考。）

7. 将金属网摆放成 U 形，摇动感应起电机，观察金属网上红色丝线的状态，红色丝线状态的变化说明了什么？

（U 形金属网的外表面上丝线向上摆起，与金属网面呈一定张角；U 形金属网的内表面上丝线静止不动。外表面丝线向上摆起说明金属网外表面和外表面上的丝线带上了电荷，在电荷间的相互作用下丝线摆起；金属网内表面上的丝线静止说明金属网内表面和内表面上的丝线没有电荷分布。）

8. 将金属网摆放成 S 形，摇动感应起电机，观察金属网上红色丝线的状态，红色丝线状态的变化说明了什么？

9. 将金属网摆放成“一”字形，摇动感应起电机，观察金属网上红色丝线的状态，红色丝线状态的变化说明了什么？

**设计意图**

全面探究处于静电平衡状态的导体上净电荷的分布特点，为学生发现规律提供丰富的实验事实。

10. 通过实验探究你能否总结得出处于静电平衡状态的导体上净电荷的分布特点？与理论分析和猜测是否一致？

11. 学生讨论并得出结论：

处于静电平衡状态的导体内部没有净电荷，电荷只分布在导体的外表面。

**设计意图**

通过实验探究和分析，全面认识和理解电荷在导体上分布的特点；加深学生对规律的理解和掌握。

# 实验五 尖端放电——避雷针

## 一、实验设计意图

"尖端放电"是2019年版新教材第九章"静电场及其应用"第四节的内容。本节内容是电学部分教学的难点。新教材中对尖端放电的物理原理进行了具体的介绍,并以避雷针为例介绍了尖端放电的实际应用。教材对避雷针的原理进行了详细的分析,若在了解避雷针原理的基础上再通过实验进行演示和探究,则会有助于学生加深对尖端放电现象及原理的认识和理解。

《北京市普通高中物理学科教学指导意见(2018年版)》中要求学生了解静电的利用和防护,并在活动建议中要求学生通过观察、查阅资料等方式了解避雷针的结构和基本原理。根据新教材和"指导意见"的新要求,在进行本实验的过程中更加注重为学生提供良好的实验观察效果,并通过对比实验让学生对避雷针的结构和原理有更加真切、全面的认识。

为了让学生能够对尖端放电现象和应用有更加全面而深入的认识和理解,在教学中采用新的实验器材进行演示和探究进而突破教学难点。

## 二、实验设计内容

### (一) 设计思路

本实验的设计思路是通过对比实验来认识电荷在导体表面分布的特点。首先在避雷针演示仪两极板间放入带有绝缘支架的金属球,增大两个极板间的电压,使极板和金属球之间进行火花放电;第二次实验在避雷针演示仪两极板间放入带有绝缘支架的顶端呈圆锥状(尖

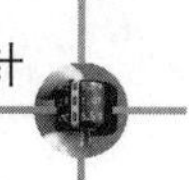

端)的金属物体和带有绝缘支架的金属球,金属物体和金属球等高,增大两个极板间的电压,观察上极板与哪个物体间更容易发生火花放电。在两次实验的基础上,通过理论分析得出电荷在导体外表面的分布情况。此实验为操作型实验。

### (二) 实验原理

避雷针演示仪接通高压电源后,绝缘支架上的两个金属板带电。在极板间电压超过约1万伏时,由于尖端处的电荷密度大于金属球,所以金属尖端附近形成强电场,在强电场的作用下,空气分子被电离,使极板和金属尖端之间处于放电状态,即尖端放电现象。而金属球与极板间的电场没有达到放电的数值,故金属球不放电。

### (三) 实验器材

高压电源,避雷针演示装置,导线。

### (四) 实验装置

实验装置照片如图1所示。

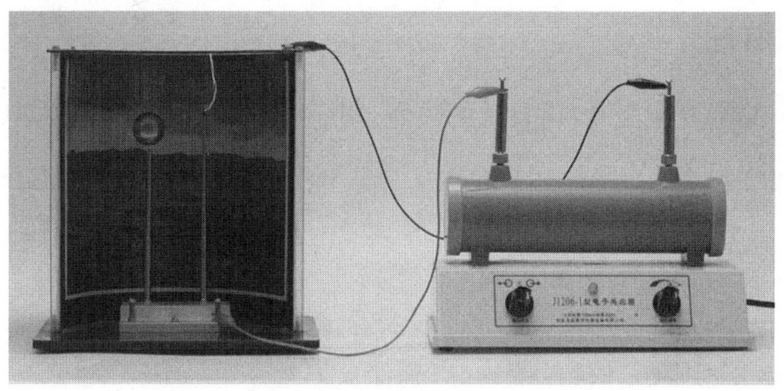

图1

## 三、实验实施过程

### (一) 实验步骤

1. 将静电高压电源正、负极分别接在避雷针演示仪的上、下金属板上,把带绝缘支架的金属球放在两金属极板之间。接通电源,金属球与上极板形成火花放电。若看不到火花,可将电源电压逐渐增大。演示完毕后,关闭电源。

2. 用带绝缘柄的电工钳将带支架的顶端呈圆锥状(尖端)的金属物体也放在金属板两

极之间,此时金属球和“尖端”的高度一致。接通静电高压电源,观察实验现象。若现象不明显,可提高电源电压。演示完毕后,关闭电源。

### (二) 现象分析

1. 避雷针演示仪的上、下金属板之间只摆放金属球,当上极板与金属球间的电压达到一定值时,附近的空气被电离,金属球与上极板间形成火花放电,可听到“噼啪”的声音,并看到火花。

2. 避雷针演示仪的上、下金属板之间同时摆放圆锥状(尖端)金属物体和金属小球,接通电源后,金属物体尖端处的电荷密度大于金属球处,在金属尖端附近形成了强电场,在强电场的作用下,上、下金属板间的空气分子被电离,中性空气分子电离后变成带负电的自由电子和失去电子而带正电的离子。这些带电离子在强电场的作用下加速,撞击空气中的分子,使它们进一步电离,产生更多的带电粒子。那些所带电荷与导体尖端的电荷符号相反的粒子,由于被吸引而流向尖端,与尖端的电荷中和,从而使极板与金属物体的尖端处于放电状态,即尖端放电现象;而此时金属球与极板间的电场没有达到火花放电的数值,故金属球不放电。

### (三) 实验结论

静电平衡时,在导体外表面,越尖锐的位置,电荷的密度(单位面积的电荷量)越大,周围的电场强度越大。

### (四) 注意事项

1. 由于电源电压较高,关闭电源后,不能完全充分放电,故每一次演示后都应取下电源任一极与另一极接头相接触进行人工放电,确保仪器设备和操作者的安全。

2. 晴天演示电源电压应降低些,阴天演示电源电压应提高些。

## 四、实验达成的效果

本探究实验,达到了比较满意的效果:

1. 通过实验演示和探究,丰富了学生对尖端放电现象的认识,加深了学生对尖端放电原理的理解。

2. 将实验现象与理论分析相结合,提升了学生的实验探究能力和科学思维能力,提高了学生的物理学科核心素养。

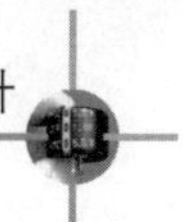

# 五、实验拓展及展望

1. 改进避雷针的形状，设计带多个尖端的避雷针，进行对比实验，以取得更好的实验教学效果。

2. 探究金属球和“圆锥状”金属物尖端不等高情况下的放电情况，并对实验现象进行理论分析。

# 六、实验理解反馈

1. 图 2 所示是模拟避雷针作用的实验装置，金属板 M 接高压电源的正极，金属板 N 接负极。金属板 N 上有两个等高的金属柱 A、B，A 为尖头，B 为圆头。逐渐升高电源电压，当电压达到一定数值时，可看到放电现象。先产生放电现象的是(　　)。

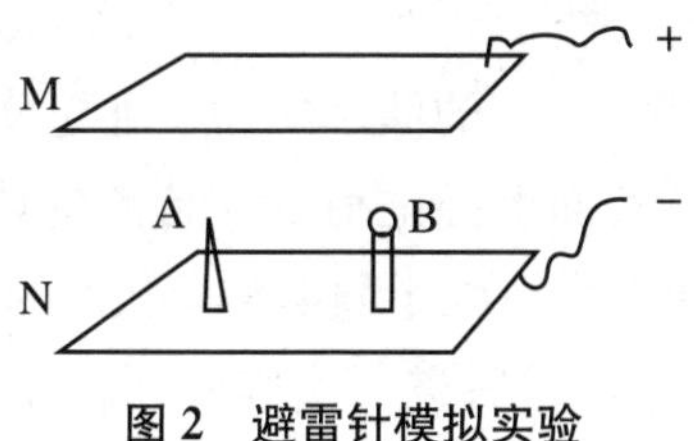


**图 2　避雷针模拟实验**

A. A 金属柱

B. B 金属柱

C. A、B 金属柱同时

D. 可能是 A 金属柱，也可能是 B 金属柱

2. 避雷针能够避免建筑物被雷击的原因是(　　)。

A. 云层中带的电荷被避雷针通过导线导入大地

B. 避雷针的尖端向云层放电，中和了云层中的电荷

C. 云层与避雷针发生摩擦，避雷针上产生的电荷被导入大地

D. 以上说法都不对

3. 如图 3 所示，在左边绝缘支架上插上顶针(其顶端是尖的)，在顶针上装上金属风针，若给风针附近的圆形金属板接上正高压极，风针接负高压极，则风针尖端放电会使其旋转起来。下列说法正确的是(　　)。

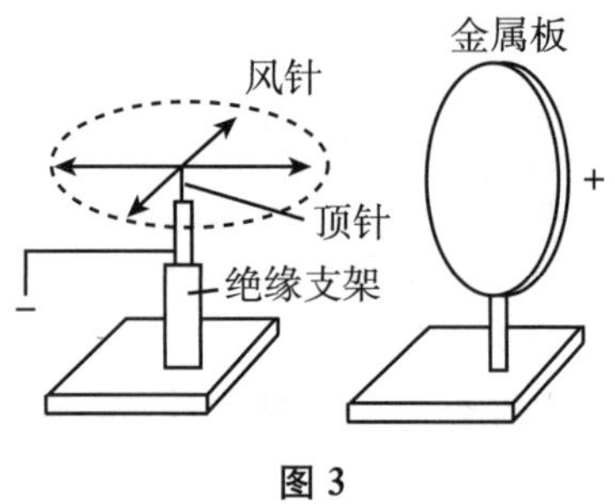

图 3

A. 风针尖端附近的等势面和电场线分布较密

B. 风针附近的空气在强电场下发生电离

C. 空气中的阳离子会向风针的尖端运动

D. 交换金属板与风针所带电荷电性，风针的尖端会有正电荷射出

**答案** 1. A 2. B 3. ABC

# 七、实验教学建议

本实验是“静电的防止与应用”一节的演示实验。通过实验演示和理论分析，进一步丰富学生对静电平衡状态下导体外表面上净电荷分布特点的认识，并对尖端放电的原理和应用有更多的了解。教学中应引导学生对处于静电平衡状态的导体上电荷在其表面不同部位的分布情况做出初步的分析和猜测，然后进行实验验证。让学生经历理论分析、提出猜想、设计实验、搜集证据、进行验证的研究过程，在学习新知、发现规律的过程中逐步提升学生的核心素养。通过对避雷针的学习和了解，认识尖端放电的实际应用价值。

## 实验教学片断

在探究实验之前，引导学生回顾静电平衡相关知识，为实验探究做准备。

1. 处于静电平衡的导体上净电荷分布有什么特点？

(处于静电平衡状态的导体内部没有净剩电荷，净电荷只分布在导体的外表面。)

2. 处于静电平衡的导体外表面上的净电荷分布是均匀的吗？比如导体外表面比较尖锐的位置和比较平滑的位置电荷分布情况相同吗？请给出自己的初步分析和猜测。

3. 大家能否设计一个实验来检验处于静电平衡状态导体外表面上不同部位的电荷分布情况？谈谈自己的想法。

4. 学生可能会想到：

(1) 可以在导体表面不同位置贴上金属箔，根据金属箔的张角大小情况来了解导体表面不同位置的电荷分布情况。

(2) 可以通过对比试验，在相同情况下对比导体不同位置的实验现象和电学特征来对比研究。

……

**设计意图**

培养学生的实验设计能力和科学推理能力，也为实验探究做准备。

## 环节二

实验探究过程。

5. 使用如图1所示装置进行实验探究。

装置介绍：将静电高压电源正、负极分别接在避雷针演示仪的上、下金属板上，把带支架的金属球放在两金属极板之间。

(引导学生观看实验视频并进行思考。)

6. 接通静电高压电源，逐渐增加电源电压，看到了什么现象？分析为什么会出现这种现象。

(可听到“噼啪”的声音，并看到电火花。避雷针演示仪的上、下金属板之间只摆放金属球时，当上极板与金属球间的电压达到一定值，金属球与上极板间将形成火花放电。)

7. 用带绝缘柄的电工钳将演示仪两极间顶端呈圆锥状(尖端)的金属物体的“尖端”调整到与金属球上端等高的位置。接通静电高压电源，逐渐增加电源电压。看到了什么现象？现象说明了什么？分析现象背后的物理原因。

(锥状金属物与上极板间产生火花，金属球和上极板间没有火花产生。实验现象说明接通电源后，锥状金属物尖端处的电荷密度大于金属球处，在尖端附近形成了强电场，从而使极板与金属物体的尖端处于放电状态。)

**设计意图**

通过对比实验探究，得到电荷在导体表面分布的特点，并为尖端放电的学习提供生动的实验事实。

8. 根据演示的对比实验，进一步分析锥状金属物尖端与上极板放电的原因，理解尖端放电的原理，建立正确的物理图景。

（锥状金属物尖端的电荷密度很大，其周围的场强很强，从而使空气中分子的正、负电荷分离。中性的空气分子电离后，变成带负电的自由电子和失去电子而带正电的离子。这些带电粒子在强电场的作用下加速运动，撞击空气中的分子，使它们进一步电离，产生更多的带电粒子。那些所带电荷与导体尖端的电荷符号相反的粒子，由于被吸引而流向尖端，与尖端上的电荷中和，这相当于导体从尖端失去电荷，这种现象叫作尖端放电。）

**设计意图**

在演示实验的基础上引导学生进一步认识尖端放电现象并理解其物理原因。

9. 学生讨论并总结：

（1）静电平衡时，净电荷只分布在导体的外表面，越尖锐的位置，电荷密度越大，周围的电场强度越大。

（2）避雷针利用的是尖端放电原理，当带电的雷雨云接近建筑物时，避雷针通过尖端放电中和空气中的电荷，达到避免雷击的目的。

# 实验六　静电除尘

## 一、实验设计意图

关于“静电除尘实验”的内容，教师一般在《普通高中课程标准实验教科书·物理·选修3-1》第一章“静电场”第七节“静电现象的应用”的教学中作为静电现象的应用进行补充教学。2019年版新教材中将该内容安排在第九章“静电场及其应用”第四节“静电的防止与利用”中。《普通高中物理课程标准(2017年版)》对本节内容要求：了解生产生活中关于静电的利用与防护。《普通高中物理课程标准(2017年版)解读》中强调：要求学生对激光打印、静电喷雾和静电除尘等技术应用中的静电现象进行分析，了解静电在生产生活中的应用。通过在有可燃气体、粉尘的环境中防止静电的方法，了解静电防护的原理。新教材在内容与结构顺序上对本节内容有新的调整，体现出物理新课程的基本理念，强调物理教学在内容上应加强与学生生活、现代社会及科技发展的联系。

在新教材中，增加了“静电吸附”的内容。教材首先给出静电吸附的原理：在电场中，带电粒子受到静电力的作用，向着电极运动，最后会被吸附在电极上。然后依次介绍该技术在生产生活中应用的实例，静电除尘作为其中一项，介绍原理如下：设法使空气中的尘埃带电，在静电力作用下，尘埃到达电极而被收集起来，这就是静电除尘。在原理讲解部分，教材结合原理图示，介绍了静电除尘的原理。但是在实际教学中，以上内容安排对学生来说仍较为抽象，如果能有实验辅助学生理解，将会取得事半功倍的效果。

# 二、实验设计内容

## （一）设计思路

尽量还原教材静电除尘原理示意图的装置，让学生能够有直观的感受，能够根据实验现象加深对原理的理解。

## （二）实验原理

如图1所示，静电除尘器由板状收集器A和线状电离器B组成。A接到几千伏高压电源的正极，B接到高压电源的负极，它们之间有很强的电场，而且距B越近，电场强度越大。B附近的空气中的气体分子更容易被电离，成为正离子和电子。正离子被吸到B上，得到电子，又成为分子。电子在向着正极A运动的过程中，遇到烟气中的粉尘，使粉尘带负电。粉尘被吸附到正极A上，最后在重力的作用下落入下面的漏斗中。

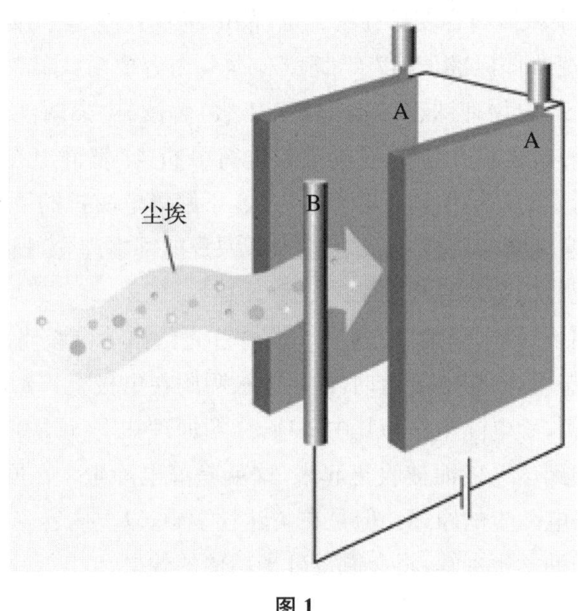


图1

## （三）实验器材

手摇式起电机，平行金属板，金属直导线，透明圆筒，橡胶塞，油烟起雾器，两根导线。

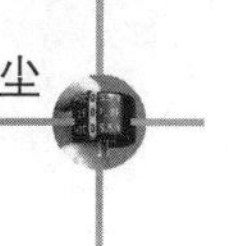

### (四) 实验装置

实验装置照片如图 2 所示。

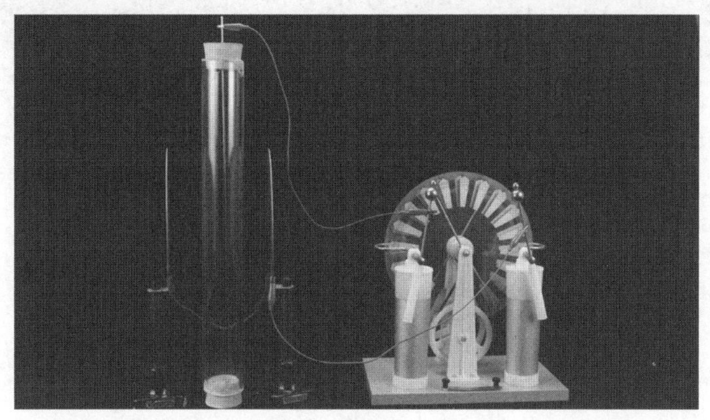

图 2

## 三、实验实施过程

### (一) 实验步骤

1. 安装实验器材,将金属直导线放置在圆筒中心,两块平行金属板分别放置在圆筒两侧,正对放置。将金属直导线一端与起电机一极相连,两块平行金属板与起电机的另一极相连。

2. 往透明圆筒中通入油烟,摇动起电机手柄,观察筒内油烟的情况。

### (二) 实验现象分析

1. 实验现象记录:

摇动起电机后,圆筒中的油烟很快消失,仔细观察,可以看到透明筒壁变得模糊。

2. 实验现象分析:

图 3 是装置的横截面图,直导线 B 和金属板 A 分别与起电机的负极、正极相连,摇动起电机,直导线 B 与金属板 A 之间会有很强的电场,且距离直导线 B 越近,电场强度越大。B 附近的气体分子更容易被电离,成为正离子和电子,它们分别向两极运动。电子在向着正极 A 运动的过程中,遇到油烟中的小油滴,会使油滴带负电。带负电的小油滴会在静电力的作用下,向着正极 A 运动,如果没有筒壁的阻挡,最后会被吸附到正极 A 上。

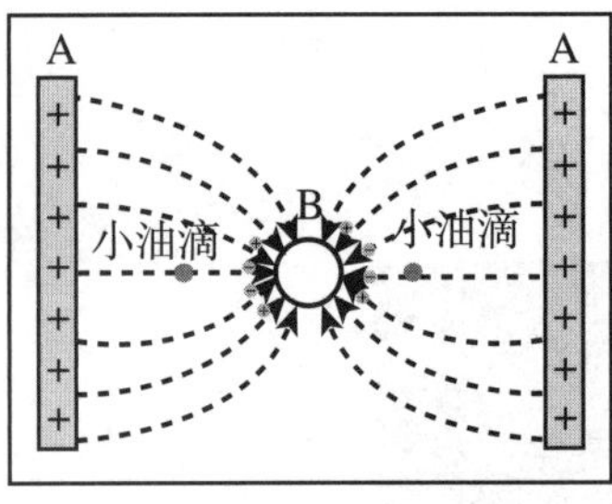

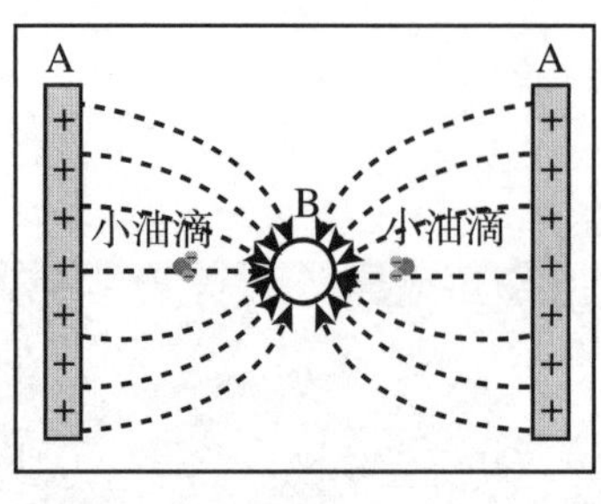

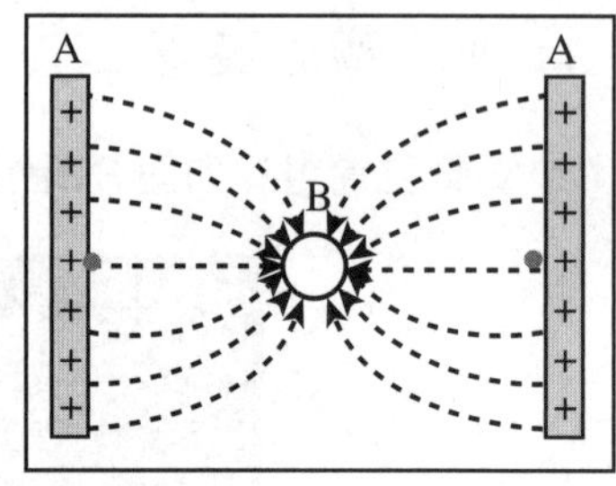


图 3

### (三) 注意事项

1. 金属直导线要与起电机的负极相连。
2. 采用舞台油烟机产生的油烟,其实验效果比一般烟尘明显且更环保。

## 四、实验达成的效果

通过实验,学生能够直观地看到静电除尘的显著现象,将书本上的原理图用实验进行还原,更为形象,有助于学生理解静电除尘的原理。

## 五、实验拓展及展望

该实验为了还原教材上的原理图,实验装置的结构比较固化,通过演示实验帮助学生理解原理后,可以让学生在结合原理的基础上,改进实验装置,提高除尘效率。或者组织学生进行课题研究,对比各类静电除尘机的原理及结构。这样能够让学生将所学知识与实际相结合,进一步提高学生的科学素养。

## 六、实验理解反馈

1. 以煤作燃料的工厂、电站,每天排出的烟气带走大量的煤粉,不仅浪费燃料,而且严重污染环境,利用静电除尘可以消除烟气中的煤粉。图 4 为静电除尘的原理示意图,除尘器由金属管 A 和悬挂在管中的金属丝 B 组成,A 和 B 分别接到高压电源的两极,它们之间有很强的电场，空气中的气体分子被强电场电离成为电子和正离子。正离子被吸引到B上，得到电子，又成为分子。电子在向正极运动的过程中，遇到烟气中的煤粉，使煤粉带负电，吸附到正极上，最后在重力作用下，落入下面的漏斗中。有关这一物理情境，下列说法正确的是(　　)。

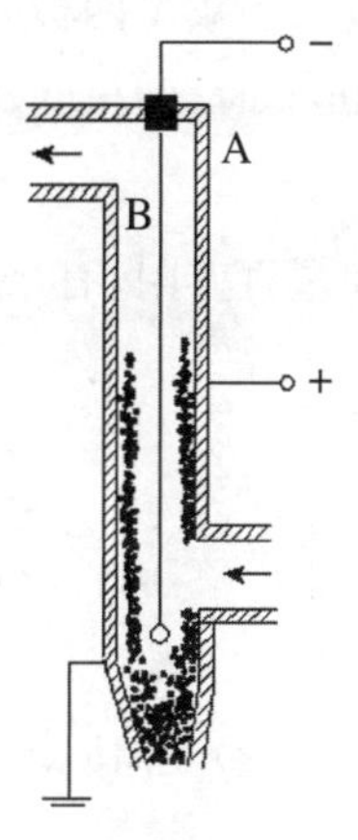

图4

A. 空气分子在距离金属丝B越近的地方越容易被电离

B. 带上负电的煤粉在向A运动的过程中做匀变速运动

C. 带上负电的煤粉在向A运动的过程中其运动轨迹为抛物线

D. 带上负电的煤粉在向A运动的过程中其电势能增大

2. 如图5(a)所示，静电除尘装置中有一长为$L$、宽为$b$、高为$d$的矩形通道，其前、后面板使用绝缘材料，上、下面板使用金属材料。图5(b)是装置的截面图，上、下两板与稳恒直流电源相连。质量为$m$、电量为$-q$、分布均匀的尘埃以水平速度$v_0$进入矩形通道，当带负电的尘埃碰到下板后其所带电荷被中和，同时被收集。通过调整两板间距$d$可以改变收集效率$\eta$。当$d=d_0$时，$\eta$为81%(即离下板0.81 $d_0$范围内的尘埃能够被收集)。不计尘埃的重力及尘埃之间的相互作用，求：(1) 收集效率为100%时，两板间距的最大值$d_m$；(2) 收集效率$\eta$与两板间距$d$的函数关系。

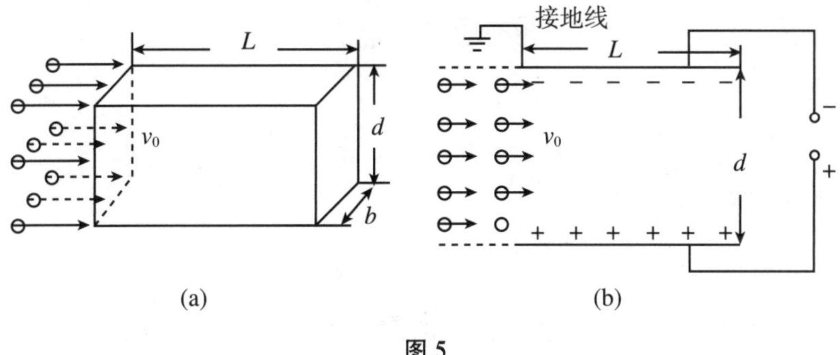

图5

**答案**

1. A。

2. 分析：

(1) 收集效率$\eta$为81%时，离下板0.81 $d_0$的尘埃恰好到达下板的右端边缘，设高压电源的电压为$U$，则在水平方向，有

$$L = v_0 t$$

在竖直方向，有

$$0.81\ d_0 = \frac{1}{2}at^2$$

其中$a=\dfrac{F}{m}=\dfrac{qE}{m}=\dfrac{qU}{m d_0}$。

当减小两板间距时,能够增大电场强度,提高装置对尘埃的收集效率。收集效率恰好为100%时,两板间距为 $d_m$。如果进一步减小 $d$,收集效率仍为100%。则在水平方向,有

$$L = v_0 t$$

在竖直方向,有

$$d_m = \frac{1}{2}a' t^2$$

其中 $a' = \frac{F'}{m} = \frac{qE'}{m} = \frac{qU}{md_m}$。联立可得

$$d_m = 0.9\ d_0$$

(2) 当 $d > 0.9\ d_0$ 时,设距下板 $x$ 处的尘埃恰好到达下板的右端边缘。在水平方向,有

$$L = v_0 t$$

在竖直方向,有

$$x = \frac{1}{2}a'' t^2$$

其中 $a = \frac{F''}{m} = \frac{qE''}{m} = \frac{qU}{md}$。根据题意,收集效率为 $\eta = \frac{x}{d}$。联立可得

$$\eta = 0.81\left(\frac{d_0}{d}\right)^2$$

# 七、实验教学建议

静电除尘实验是有关静电场知识应用中的演示实验。通过实验演示,学生能够清楚观察到实验现象,并能够建立相应模型,运用静电场知识对实验现象进行解释。

## 实验教学片断

在演示实验之前,引导学生观察器材,并建构相应模型。

1. 感应起电机的两极分别与什么器件连接?

(感应起电机的正极与两块平行金属板连接,负极与中间的细金属棒连接。)

2. 当感应起电机摇动起来后,金属板与金属丝之间形成的电场能定性描绘出来吗?尝

试画出横截面图，定性描绘电场分布。

**设计意图**

通过问题的形式引导学生观察器材，将复杂的实物图转化为模型图，为后续实验观察及解释做好准备。

## 环节二

观察实验，依据建立的模型，解释实验现象。

3. 实验观察：往透明圆筒中通入油烟，摇动起电机，观察透明圆筒中的变化。

（摇动起电机，观察到透明圆筒中的油烟迅速消失，筒壁上附有小油滴。）

4. 教师引导：

（1）油烟为何很快消失？

（油烟被吸走了。）

（2）油烟实际上是什么？

（小油滴。）

（3）透明圆筒中除了油烟还有什么？

（空气。）

（4）强电场会有什么作用？

（会让空气电离。）

（5）哪里的电场较强？

（细金属棒周围电场较强。）

（6）空气电离形成的带正电的粒子与电子在电场中会如何运动？

（带正电的粒子向带负电的细金属棒运动然后被中和，电子向两侧带正电的金属板运动。）

（7）小油滴如何带电？

（电子在向正极运动的过程中遇到小油滴，会让小油滴带上负电。）

（8）带电小油滴如何运动？

（带负电的油滴向带正电的金属板运动，最后被吸附凝结。）

5. 学生思考、讨论、交流，总结静电吸附的原理。

在电场中，带电粒子受到静电力的作用，向着电极运动，最后会被吸附在电极上。

**设计意图**

依据静电场知识，建构相应物理模型，解释静电除尘实验现象，理解静电吸附技术原理。

# 实验七　电容器的作用

## 一、实验设计意图

“电容器的电容”是2019年人民教育出版社出版的《普通高中教科书·物理·必修·第三册》第十章“静电场中的能量”第四节的内容。本节内容是学生第一次接触电容器，学习电容的概念，是电学教学的重点之一，也是难点。如何利用物理实验的优势，引入电容器这一元件，突破教学难点，是本实验设计的初心。

电容器是一种重要的电学元件，有着广泛的应用。电容器的电容是学生进一步学习电学需要熟练掌握的基本物理量，不仅本章需要学习电容的概念和属性，在后面章节的学习中，也多次涉及电容在电路中的作用，比如交变电流、电磁振荡、传感器等。实际上，电容器在现代电子技术中有非常广泛的应用，比如人人都有的手机、办公用的电脑、家用电器等等，只要有自动控制电路的物品，都离不开电容器。

《普通高中物理课程标准(2017年版)》中要求，观察常见电容器的构造，建构电容器模型。模型的建构，是一个抽象提炼的过程，这一过程需要感性认识做支撑。教科书首先类比水容器的方法引出要研究的问题——电容器的构造与功能。教材引入如图1所示。

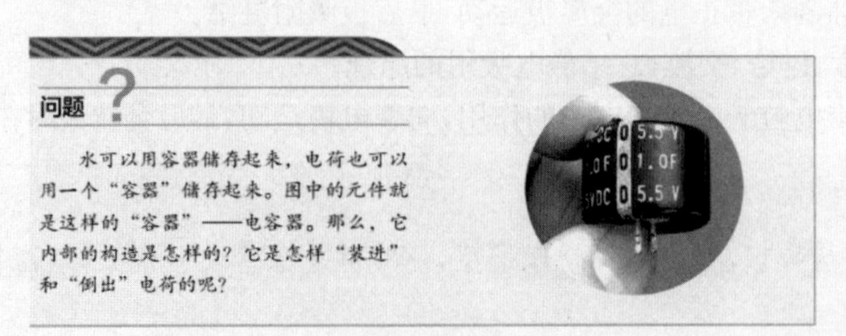
4　电容器的电容

问题

水可以用容器储存起来，电荷也可以用一个“容器”储存起来。图中的元件就是这样的“容器”——电容器。那么，它内部的构造是怎样的？它是怎样“装进”和“倒出”电荷的呢？

图1

教材在对比水容器盛水方法的基础上，提出电荷也可以用一个“容器”储存起来——电容器。教材的引入方式可以帮助学生建立知识之间的联系，但电容器如何储存电荷，并在电路中发挥怎样的作用，对学生而言，仍是比较难于理解。针对这一难点，结合《北京市普通高中物理学科教学指导意见(2018 年版)》中“教师要充分利用多种教学资源，努力创设学生感兴趣、能激发探究欲望的问题情境，引导学生进行科学探究”的要求，设计了观察电容器作用的实验，通过观察小灯泡发光到熄灭的过程，理解电容器在电路中的作用。

# 二、实验设计内容

## (一) 设计思路

要设计好实验，就要先分析一下这部分教学中可能遇到的困难和问题。

电容器的教学难点：

其一是对电容器的理解困难。学生日常生活中并不直接接触电容器，对电容器在电路中的充、放电作用缺乏感性认识。并且，电容器充、放电过程持续时间较短，观察、测量都不容易。为此，新教材在“问题”里直接说水可以用容器存起来，电荷也可以用一个“容器”存起来。类比生活，消除了陌生感，突出问题，一下子就吸引了学生的注意力。学生还会继续思考：“电容器长什么样？它是如何工作的？”面对学生的这些困惑，可设计实验，让学生通过实验“发现”电容器储存电荷的事实，增加学习情感和兴趣，突破认知难点，帮助学生认识电容器的构造并理解其作用。

其二是实验设计困难。新教材给出了“观察电容器充、放电现象”的实验，如图 2(教材图 10.4－1)所示。电路由电源、单刀双掷开关、定值电阻、电压表、电流表组成，该电路的设计，是让学生在开关 S 接 1 给电容器充电时，观察电压表、电流表的示数变化情况，进一步理解电容器的充电过程；当开关 S 接 2 时，电容器与定值电阻 $R$ 组成闭合电路，电容器放电，学生再一次通过观察电压表、电流表的示数变化情况，进一步理解电容器的放电过程。由于电压表、电流表示数变化的可视性不好，学生远距离不便于观察，本实验在设计时进行了改进，在充、放电电路中加入小灯泡，通过观察小灯泡变亮然后逐渐熄灭的过程，帮助学生理解电容器在充、放电过程中电压和电流的变化情况。实验设计电路如图 3、图 4 所示。

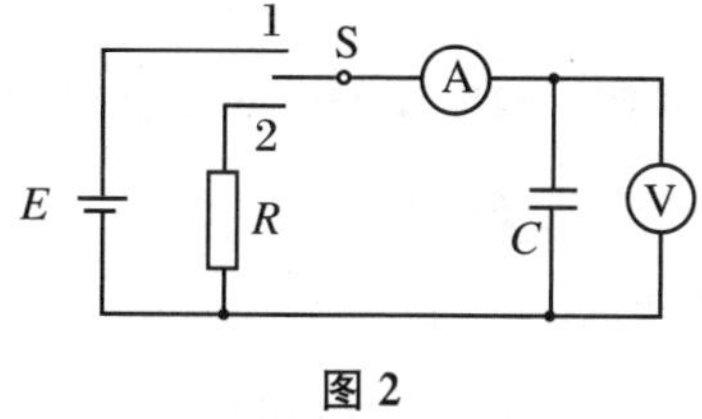


图 2

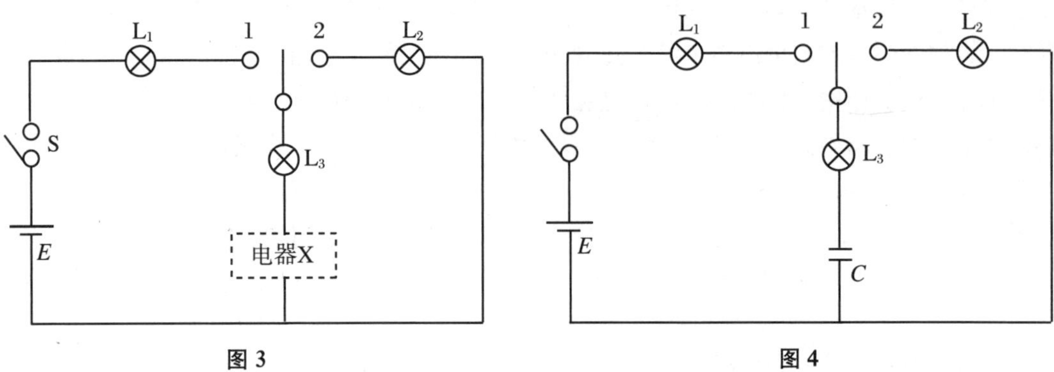


图 3　　　　图 4

其三是引入方式。为了引入新课，本实验设计加入了新元素，就是实验电路中的电器X。在学生的思维里，电器可能是电源，或者是具有电阻性质的用电器，他们的意识里还没有存储电荷和释放电荷这种功能。教师选择好电源和量程，让学生观察灯泡的亮度变化，避免纠结于观察到变化的电压、变化的电流造成的困惑和不适，能集中精力通过灯泡亮度变化这一最直接的方式理解电容器充、放电的特性，从而达到引入新课的目的。在实验的最后，从示教板的后面拿出电容器，使得学生的注意力全部集中在这一新的电学元件上，学生对电容器的印象深刻，对其在电路中的作用也有了初步的认识。这样，就能引导学生从已知走向未知，让学生在探寻未知的过程中，观察、发现、猜想、分析、判断，不自觉地进入新知识的学习，不断提升自身科学素养。

## （二）实验原理

电容器充、放电过程中，电压和电流随时间变化，其变化情况如图 5 所示。其中图线①为电容器两端电压随时间变化的图线，图线②为通过电容器的电流随时间变化的图线。

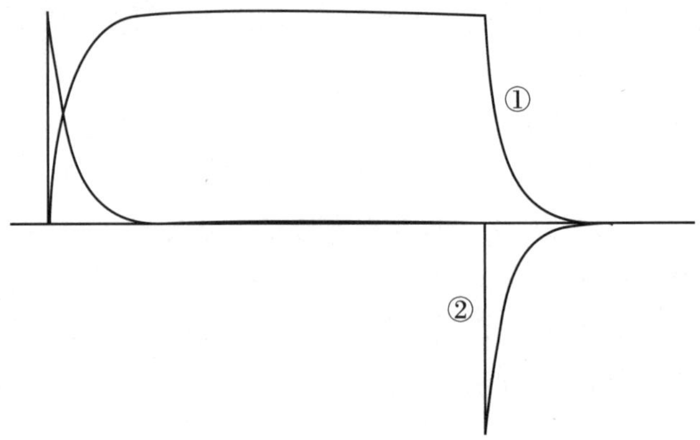


图 5　电容器充、放电时电压、电流随时间变化图线

实验时，闭合开关 S，单刀双掷开关拨到 1 时，灯泡 $L_1$ 和 $L_3$ 由亮变暗，最后熄灭；再把单刀双掷开关拨到 2，灯泡 $L_2$ 和 $L_3$ 变亮，然后逐渐变暗，最后熄灭。在小灯泡由亮变暗的过程中，反映出电路中的电流由大逐渐变小。当小灯泡熄灭时，电容器充电或放电结束，电路中

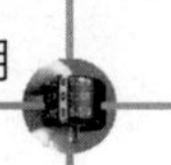

电流为零。

### （三）实验器材

学生电源，电容器(1.5 F)，单刀开关1个，单刀双掷开关1个，规格相同的小灯泡3个，导线若干。

### （四）实验装置

实验电路板如图6所示。

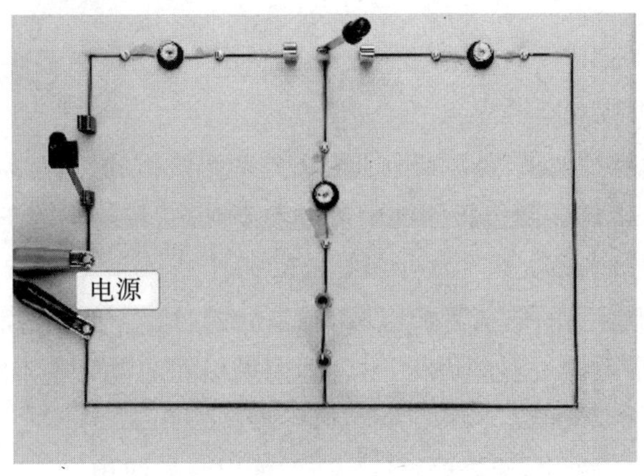


图6

## 三、实验实施过程

### （一）实验步骤

1. 分析电路结构，说明在电路中接入未知电器X。

2. 请学生猜想：当闭合单刀开关，并将单刀双掷开关分别接1和2时，小灯泡亮度变化情况。

3. 闭合单刀开关，单刀双掷开关接1，观察实验现象。

4. 单刀双掷开关接另一侧2，会观察到什么现象？

5. 教师展示电容器，简述电容器充、放电过程。

6. 实验完毕，整理仪器。

## （二）数据分析

实验要保证灯泡点亮的时间要达到 10 秒以上，以便于观察。

实验用的小灯泡规格可以是以下三种：(3.8 V，0.15 A)或(4.8 V，0.5 A)或(2.5 V，0.3 A)，电阻选欧姆数量级，电容要选用接近法拉数量级，本实验选用电容为 1.5 法拉。

如果学生分组实验或者演示试验时用电流计指针偏转观察充、放电现象，电源一般选用一两节干电池或者 2～3 V 学生电源，为了不超过量程，电阻应该选 10 K 数量级，这样就可以选用常见的电容器，比如 3300 μF 左右，就可以保证充、放电过程在 30 秒以上。

## （三）实验结论

1. 电容器能够存储电荷。

2. 电容器充电过程是把正、负电荷分别聚集到两个极板的过程，就是存储电荷的过程。随着充电过程的进行，电容器两极板间的电势差不断升高，最终会等于充电电源电压，所以充电电流从大到小，最后为零。

3. 反之，电容器把存储的电荷释放出来，就是放电过程。放电过程电容器两极板所带的正、负电荷中和，随着放电过程的进行，电容器两极板间的电势差不断降低，最终为零，放电电流从大到小，最后为零。

4. 电容器充、放电过程中，流经电容这一支路的电流方向相反。

## （四）误差分析

根据观察到的实验现象分析电容器的工作原理，力求实验现象明显，成功率高，为此要选择合适的器材。

实验过程中，要保证灯泡点亮的时间足够长。

设 $U$ 为任意时刻 $t$ 电容两极板间的电压值，充电电源电压为 $E$，则有 $U = E\times(1-e^{-t/RC})$，充电时间 $t = RC\ \ln[E/(E-U)]$，经过 3～5 个 $RC$ 后，充电过程基本结束。

小灯泡规格可以是以下三种：(3.8 V，0.15 A)，(4.8 V，0.5 A)或(2.5 V，0.3 A)，电阻的数量级差不多，要求电容要大，充电时间长，便于演示和观察。

## （五）注意事项

1. 实验过程中注意充电电源电压的控制。一般容量大些的电容器额定电压都是几十伏甚至上百伏，如果用大电源、大灯泡，有安全隐患，所以本实验选用低压学生电源和小灯泡。注意避免过流损坏。

2. 演示实验前应先复习初中所学知识，让学生推理、判断、预期结果，这部分要设计问题提出的视角，让学生充分思考与讨论，才能达到好的实验效果。

3. 实验器材也可以选用电解电容器，注意其正、负极。

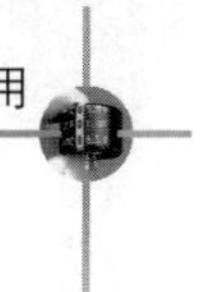

# 四、实验达成的效果

1. 实验达到了复习旧知识,引入新课的目的。

2. 让学生参与分析讨论,让实验引领和推进教学,达到了好的教学效果。

3. 认识电容器,了解电容器的工作原理。

# 五、实验拓展及展望

1. 演示实验可以用数字电压表、电流表观察电压和电流的变化情况,方便直接读取电压和电流值。

2. 演示实验可设计电容放电,比如磁场中的导体棒通过大电流产生跳跃,能活跃气氛,提升实验效果。

3. 实验可以加入发光二极管显示电流方向。

4. 时间允许可以展示更多电容器的作用,比如洗衣机等的启动电容、闪光灯等。

# 六、实验理解反馈

1. 关于电容器和电源,以下说法正确的是(　　)。

A. 电容器不能提供持续的电流　　B. 电源不能提供持续的电流

C. 电容器充电后储存了电场能　　D. 电源是把其他形式的能转化为电能的装置

2. 关于电容器的实验,以下说法正确的是(　　)。

A. 放电电路中小灯泡发光是电容器提供了电能

B. 电容器在充电过程中,小灯泡逐渐熄灭是因为电容器中的电荷量在减少

C. 电容器充电完成后,小灯泡仍能继续发光

D. 电容器放电过程中,电路中电流逐渐减小直至为零,电容器两极板上异种电荷发生中和

**答案**　1. ACD　2. AD

# 七、实验教学建议

实验设计能够有效帮助我们推进和完成教学环节。巧妙的实验设计，需要在具体教学中正确使用才能最大限度地发挥其价值。此处给出观察电容器充、放电实验部分教学设计建议，希望能帮助教师快速简洁地引入新课，帮助学生加深对电容器的认识，顺利建立电容器的概念。

## 实验教学片段

### 环节一

认识电容器的构造，了解电容器如何储存电荷。

1. 教师提问：生活中，水可以存储，存水的物品叫容器，大家知道电是否也可以存储起来吗？

（学生可能回答“充电宝”“充电电池”“电动汽车”等。）

这些产品都有存储电荷的功能，但是这些工业化的产品，需要很多技术支持和完整的电路。今天我们要追寻它们共同的物理本质。

能把电荷存储起来的容器叫电容器。德国物理学家冯 · 克莱斯特在 1745 年发明了第一个能存储电荷的电容器——Layden Jar，也就是莱顿瓶。如图 7 所示。

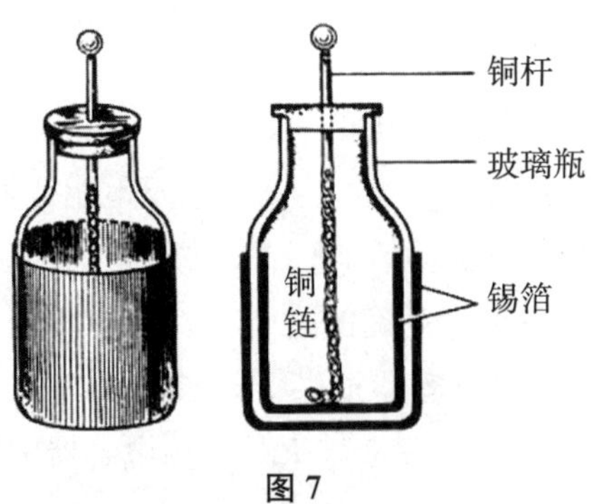


图 7

2. 现在我们回想一下学过的直流电路，要点亮一个小灯泡，最基本的电路应该包括哪些电学元件？

（学生回答：电源、导线或者开关、灯泡。）

教师展示基本电路图(图 3 左侧部分)。

**设计意图**

复习电学基本知识,“温故而知新”,“温”得恰到好处,让学生的思维连贯,尽快进入学习状态。

## 环节二

提问并完成充电实验。

3. 教师介绍实验电路后,强调将未知电器 X 接入电路。

4. 提问:当开关闭合时,你会观察到什么现象?

(学生回答:灯泡点亮或者灯泡持续点亮。)

**设计意图**

吸引学生注意力,培养学生实验前思考的好习惯。

5. 教师演示实验,观察到灯泡点亮了,接着亮度减弱,随后灯泡熄灭!

(学生感到疑惑,并提出:小灯泡为什么会熄灭?实验过程中没有断开开关呀!)

**设计意图**

进一步吸引学生注意力,创造学生的认知冲突,提出问题,加深印象,引发思考。

6. 请猜一猜,电器 X 是什么?

(学生回答:开关?短路器?电源?有学生回答电容器,但不能确信,如何证实?)

**设计意图**

调动学生的思维,培养学生勤于思考、勇于探索的精神。

## 环节三

完成放电实验,证实存储电荷的事实。

7. 继续做实验。教师介绍右半部分实验电路,并提问:当单刀双掷开关拨到右侧 2 时,会看到什么现象?灯泡还会亮吗?

(学生回答:灯泡不亮,因为没有电源。)

8. 教师实验,灯泡点亮!

(学生描述观察到的现象:灯泡亮度逐渐减弱,并且随后又熄灭了!学生会产生疑问:为什么会产生这样的现象?)

9. 教师提问:电器 X 在这里起到什么作用?

(学生思考并猜想:电源,但又不像,灯泡没有持续点亮。)

**设计意图**

让学生建立对电容器的感性认识。

10. 教师展示:电器 X——电容器。电容器储存了电荷,释放电荷就有了电流,灯泡被点亮,电荷释放完,灯泡熄灭。

11. 回顾实验,根据时间,对电容器的充、放电过程进行分析。

# 实验八　探究电容器两极板的电势差和所带电荷量的关系

## 一、实验设计意图

“探究电容器两极板间的电势差和所带电荷量的关系”是2019年版新教材第十章“静电场中的能量”第四节的内容，本节内容是电学部分的教学重点，也是教学难点。本节内容在原有教材的基础上进一步强调在实验探究的基础上得出电容的定义式和单位，并通过引导学生经历实验过程加深对概念的理解和利用物理量之比定义物理量的体验。新教材在这一部分的教学中更加注重培养学生的科学探究能力、科学思维能力和严谨的科学精神，进而落实物理学科核心素养。

《北京市普通高中物理学科教学指导意见(2018年版)》对本节内容的教学要求：了解电容器的电容，观察电容器的充、放电现象。“指导意见”还强调教师要充分利用多种教学资源，努力创设学生感兴趣、能激发探究欲望的问题情境，引导学生进行科学探究。根据新教材和“指导意见”的要求，本实验在设计上力求为学生提供更加直观的实验过程，让学生基于实验探究的过程和结果建构电容的概念，丰富学生对电容的理解，提高学生应用电容概念和规律解决实际问题的能力。

## 二、实验设计内容

### (一) 设计思路

本实验的难点在于定量测量电容器极板上所带的电荷量。若采用传感器测量充电电流并利用积分的方法计算得出电量，不仅实验的操作难度比较大，而且对学生应用数学知识的能力要求也比较高。在本实验的设计中，通过“均分电荷量的思想”实现了定量控制电容器极板上所带电荷量的目标，解决了定量测量电量的困难。

为了达到更好的实验效果，本实验选用数字多用表测量电容器两端的电压。数字多用表测量的结果更加准确、方便，可视性更好，可以提高实验教学的效果。

通过测量电容器在不同带电量下的电压值，获取多组数据，根据实验数据，分析得出电容器两极板间的电势差和所带电荷量的关系。

## (二) 实验原理

根据“电荷均分思想”设计实验电路，用两个相同的电容器，通过多次平分电荷量，测量电容器的电压值，获得多组数据，进而分析电容器两极板间的电势差和所带电荷量的关系。实验原理图如图 1 所示。

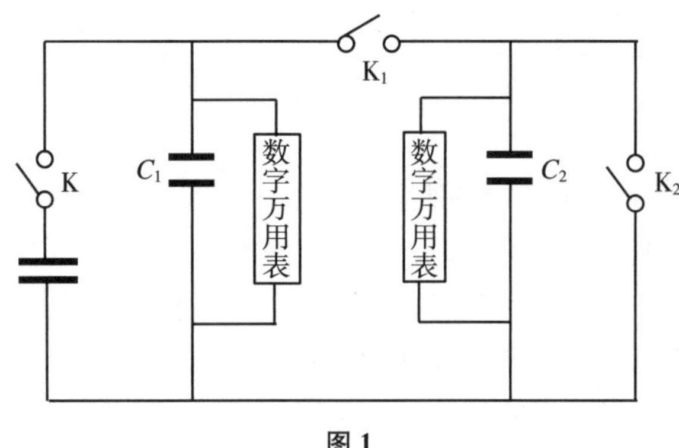


图 1

## (三) 实验器材

电源，相同规格的电容器 2 个，数字万用表 2 个，开关 3 个，导线若干。

## (四) 实验装置

实验装置照片如图 2 所示。

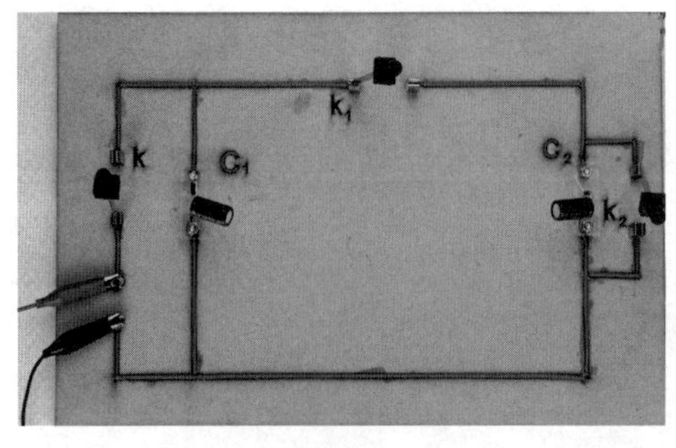


图 2

# 三、实验实施过程

## （一）实验步骤

1. 断开开关 $K_1$、$K_2$，闭合开关 K，电源给电容器 $C_1$ 充电。

2. 充电完成后，记电容器极板所带电荷量为 $Q$。

3. 用数字万用表测量 $C_1$ 两端电压为 $U_1$，记录数据，断开开关 K。

4. 闭合开关 $K_1$，将电容器 $C_1$ 与 $C_2$ 并联，电容器所带电荷量为 $Q/2$，用数字多用表测量 $C_1$ 电压为 $U_2$，记录数据。

5. 断开开关 $K_1$，闭合开关 $K_2$，$C_2$ 放电完成后，断开 $K_2$。

6. 重复实验步骤 3、4，获取多组数据，并记录在表 1 中。

7. 根据实验数据，得出实验结论。

**表 1　实验数据表**

| $C_1$ 所带电荷量 | $Q$ | $\frac{Q}{4}$ | $\frac{Q}{8}$ | $\frac{Q}{16}$ | $\frac{Q}{32}$ |
|---|---|---|---|---|---|
| $C_1$ 两极板电势差/V | 10.2 | 2.6 | 1.4 | 0.8 | 0.4 |

## （二）数据分析

根据实验数据发现，在误差允许范围内，当电容器极板所带电荷量为原值的 $\frac{1}{2}$，$\frac{1}{4}$，$\frac{1}{8}$，…时，电容器两极板间的电势差也变为原值的 $\frac{1}{2}$，$\frac{1}{4}$，$\frac{1}{8}$，…。

## （三）实验结论

在实验误差允许范围内，一个电容器所带的电荷量 $Q$ 与两极板间的电势差 $U$ 之比是不变的。

## （四）误差分析

1. 实验过程中由于空气潮湿而出现放电现象，从而导致电容器极板上所带电荷量减少。

2. 数字万用表测量电容器两极板的电势差时可能导致电容器放电，从而影响极板所带电荷量和两极板间的电压。

### (五) 注意事项

1. 实验过程中应使用抽湿器抽除实验室空气中的水蒸气,保持实验环境干燥。

2. 应尽量缩短实验过程的时间,避免因电容器放电而影响测量结果。

3. 实验结束后,要对电容器进行放电,并断开开关。

## 四、实验达成的效果

1. 通过“均分电荷量”的思想,定量控制了电容器所带电荷量,取得了理想的实验效果。

2. 本实验设计为学生提供了更加方便的实验操作平台和更加直观的实验测量结果,提高了实验效率,教学效果突出。

3. 本实验的教学过程激发了学生的学习兴趣和探究热情,培养了学生的科学探究能力、科学思维能力和严谨求实的科学态度,提升了学生的核心素养。

## 五、实验拓展及展望

1. 本实验可以与传感器结合,通过传感器测量电容器的充电电流,根据充电电流定量计算电容器极板上所带电荷量。

2. 可以选用多组不同的电容器进行实验探究,引导学生进一步认识实验规律的普遍性,并进一步得出:不同的电容器,这个比值一般是不同的,并进一步得出电荷量 $Q$ 与电势差 $U$ 之比表征了电容器储存电荷的特性。

3. 本实验可以应用计算机数据处理软件进行实验数据分析,以提高实验数据处理的效率和准确性。

## 六、实验理解反馈

1. 对于某一电容器,下列说法正确的是(　　)。

A. 电容器所带的电荷量越多,电容越大

B. 电容器两极板间的电势差越大,电容越大

C. 电容器所带的电荷量增加一倍，两极板间的电势差也增加一倍

D. 电容器两极板间的电势差减小到原来的一半，它的电容也减小到原来的一半

2. 下列关于电容器和电容的说法中，正确的是(　　)。

A. 根据 $C=\dfrac{Q}{U}$ 可知，电容器的电容与其所带电荷量成正比，跟两板间的电压成反比

B. 对于确定的电容器，其所带电荷量与两板间的电压成正比

C. 对于确定的电容器，无论电容器的电压如何变化，它所带的电荷量与电压的比值恒定不变

D. 电容器的电容是表示电容器容纳电荷本领的物理量，其大小与加在两板上的电压无关

3. 电容器两极板之间的电压是 8 V，所带电荷量是 $5\times10^{-4}$ C，将电容器的电压降为 4 V，电容器所带电荷量是(　　)。

A. $1.5\times10^{-4}$ C　　B. $3.0\times10^{-4}$ C　　C. $2.5\times10^{-4}$ C　　D. $4.0\times10^{-4}$ C

**答案**　1. C　2. BCD　3. C

# 七、实验教学建议

“探究电容器两极板间的电势差和所带电荷量的关系”的实验是第十章“静电场中的能量”中第四节的一个重要的探究实验。本实验对培养学生的科学探究能力、科学思维能力和严谨务实的科学态度等核心素养有重要价值，同时本实验对学生正确建立电容的概念，全面深入理解电容的概念内涵也有着重要作用。因此在本实验的教学过程中要为学生创设丰富的物理情境，注重前后知识间的联系，基于学生的学情设置有层次、有梯度的问题串引领学生的思维。在实验操作环节应给学生参与操作和探究的机会，让学生在实验探究过程中去发展自己的探究能力、分析论证能力和基于实验结果得出结论的能力等。通过本实验的教学，在落实教学内容的同时全面提升学生的物理学科核心素养。

## 实验教学片断

### 环节一

在实验之前，引导学生回顾电容器充、放电等知识，并进行实验设计，为实验探究做准备。

1. 电容器充电过程中极板上所带电荷量如何变化？两极板间的电势差如何变化？

（电容器极板上所带电荷量逐渐增多，两极板间的电势差也逐渐变大。）

**设计意图**

回顾电容器充电过程，定性认识电容器在充电过程中，其两极板所带电荷量的大小以及电势差发生的变化，引导学生猜想电容器两极板电势差和所带电荷量之间存在着相互关系。

2. 可否定量研究电容器的电势差和所带电荷量间的关系？如何研究？

（先测量电容器极板的电荷量，再测量两极板间的电压，然后定量研究。）

3. 如何测量电容器两极板间的电压？又如何测量电容器所带电荷量？

（学生可能会回答：用电压表或传感器测电容器两极板间的电压；用传感器测量电容器的充电电流，根据 $I$-$t$ 图像的面积，用数格子的方法来确定电容所带电荷量。）

4. 用数格子的方法来确定电容器所带电荷量准确吗？

（学生思考，教师引导：这种方法不是很准确，但是要准确计算电荷量需要用到微积分的知识，我们现在还不具备这些能力。）

5. 还有别的办法可以测量电容器所带电荷量，或定量控制电容器所带电荷量吗？

（学生可能想不到更多的办法。老师可以引导学生回顾库仑扭秤实验中是如何确定小球的带电量的，进而启发学生通过迁移“均分电荷量”的思想来解决定量确定电容器所带电荷量的困难。）

6. 如何通过均分电荷来确定电容器所带电荷量？如何设计实验？

（学生可能会通过库仑扭秤实验中采用的方法，进行类比迁移解决问题。即通过将两个完全相同的电容器并联来平分电荷量，进而定量确定电容器所带电荷量。）

**设计意图**

通过对实验中的具体问题进行讨论，让学生初步了解实验的原理，为实验的开展做好准备。

## 环节二

实验探究过程。

7. 向学生介绍实验器材和实验原理，并组织学生进行实验探究。

（学生可能会因为对实验感兴趣而比较兴奋，教师应向学生细致讲解实验的操作规范和注意事项，帮助学生顺利进行实验探究。）

8. 实验过程中引导学生观察实验现象，并及时记录实验数据。

9. 引导学生根据实验数据，进行分析论证，总结实验结果。

学生进行实验操作，多次改变电容器所带电荷量，并记录相应的电压值，根据实验数据分析 $Q$ 与 $U$ 的关系。

10. 组织学生进行交流展示，分享自己的实验结论。

**设计意图**

为学生提供实验探究的环境和平台，让学生经历规律发现的过程，为学生建构电容概念做好铺垫，同时也培养学生的科学探究能力和科学思维能力，提升学生的物理学科核心素养。

# 实验九　用传感器观察电容器的充、放电及电容的测量

## 一、实验设计意图

有关电容器电容的内容安排在2019年版新教材第十章“静电场中的能量”第四节“电容器的电容”中。相较于旧版教材，知识结构体系有所调整，明确该节讨论电路中的能量问题，体现新教材立足于学生核心素养的发展与培养。《普通高中物理课程标准(2017年版)》对本节内容要求：观察常见的电容器，了解电容器的电容，观察电容器的充、放电现象，能举例说明电容器的应用。《普通高中物理课程标准(2017年版)解读》中强调：学生通过观察和解剖常见的电容器，了解电容器的构造；通过电容器的充、放电实验，了解电容器的作用，了解电容器电容的物理含义。

在新教材中，以水容器作比喻引出电荷的容器——电容器，先通过实验定性观察电容器的充、放电现象，让学生了解在充、放电的过程中流经电容器的电流的变化，电容器两极板电势差的变化，以及电容器在充、放电过程中能量的转化。在“拓展学习”中用传感器观察电容器的放电过程，借助 $I$-$t$ 图像估算电荷量。对电容器电容的认识，是从定性观察到定量测定物理量，为后续研究电容器两极板电势差与所带电荷量的关系做好了准备。这个实验是建立电容概念的关键，做好这个演示实验，通过对实验现象的观察与分析，能够促进学生对电容概念的理解和建立，发展学生的物理观念。

# 二、实验设计内容

## （一）设计思路

对电容器的认识可以分为两个阶段，一是观察电容器的充电、放电现象，对电容器有初步的、定性的认识；二是可以借助传感器及计算机对电容器进行定量的研究，进而通过实验建立电容的概念。此处用一套实验装备进行两个阶段的实验，以期达到最好的实验效果。

实验中为展示电容器的充电与放电过程，在实验原理中利用单刀双掷开关设计两条支路，方便实验中进行操作。为了更好地演示，将电路做成示教板，方便学生观看。在实验过程中利用电脑记录实验现象，并利用软件积分功能进行电荷量的定量测定。

## （二）实验原理

当电容器接通电源以后，在电场力的作用下，与电源正极相接电容器极板的自由电子将经过电源转移到与电源负极相接的极板下，正极板由于失去负电荷而带正电，负极板由于获得负电荷而带负电，最终，正、负极板带等量异种电荷。在充电过程中，电荷定向移动形成充电电流。由于同性电荷的排斥作用，开始充电瞬间电流最大，之后逐渐减小。当电流减小为零时，电容器充电完毕，此时两极板电势差也稳定不变，与电源两端电势差相同。

用一根导线连接带电的电容器两极板，此时沿着导线方向，从电容器正极板到负极板电势逐渐降低，在电场力的作用下，自由电子会发生定向移动，与电容器正极板的正电荷发生中和，电容器所带电荷量逐渐减少，表现为放电电流减小，电容器两极板的电势差也逐渐减小，当全部电荷发生中和时，电流减小为零，电势差也减小为零，放电完毕。

电容器的充电、放电过程中，电压和电流随时间变化，其变化情况如图 1 所示。其中图线①为电容器两端电压随时间变化的图线，图线②为通过电容器的电流随时间变化的图线。

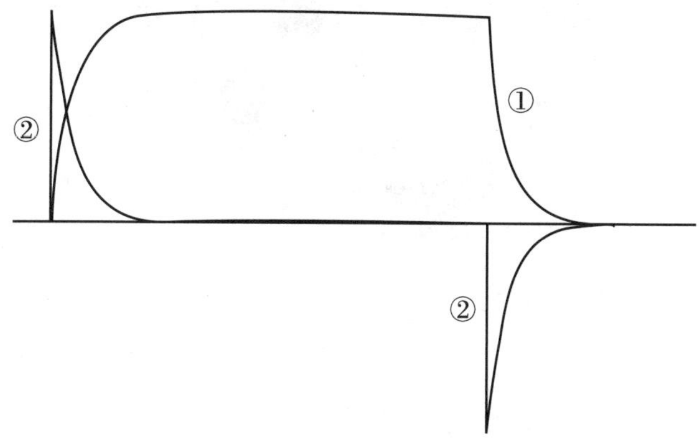


**图 1　电容器充、放电时电压、电流随时间变化图线**

用电压传感器测定电容器两极板的电势差，用电流传感器测定通过电容器的电流变化情况，根据 $I$-$t$ 图线，积分得到电量。根据每次测得的电压 $U$ 与电量 $Q$，寻找 $U$ 与 $Q$ 的关系，并得出比值$\frac{U}{Q}$是常数这一结论。

## （三）实验器材

学生电源，电容器，单刀双掷开关，电流传感器，电压传感器，导线若干，朗威实验软件。

演示实验原理电路如图 2 所示，采用调节范围为 0～16 V 的学生电源，为延长充、放电时间便于观察，增加一个电阻，调节范围为 5～20 Ω。采用电压、电流传感器，传感器软件中设置的参数为：采样频率为 5000 IIz，时间轴取值范围为 0～60 s，电流轴取值范围为－2～2 A。

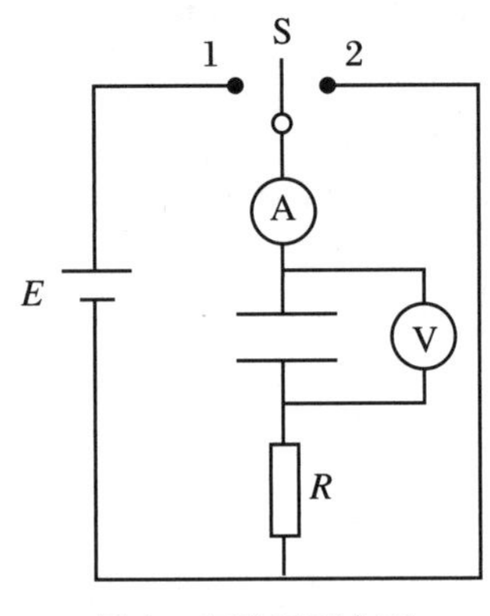


图 2　实验原理电图

## （四）实验装置

实验装置照片如图 3 所示。

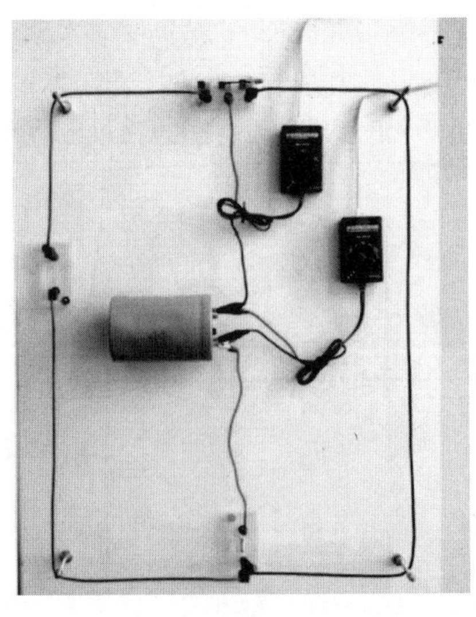

图 3

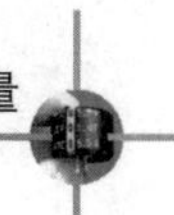

# 三、实验实施过程

## （一）实验步骤

1．用传感器观察电容器充、放电现象。

（1）按照电路原理图连接好电路。

（2）打开传感器软件，进行参数设置：添加 $I$-$t$ 图线，标记为红色；横轴表示时间 $t$，纵轴表示电流 $I$；时间轴取值范围设置为 0～60 s，电流轴取值范围设置为 −2～2 A；采样频率调整为 5000 Hz。

（3）开始采集数据，调零。

（4）先将开关拨到 1，电容器充电。

（5）充电完毕后，再将开关拨到 2，电容器放电。

（6）利用软件积分功能求放电过程 $I$-$t$ 图像下方面积，所得积分值即为电容器放电前所带电荷量。

2．电容的测量——定量研究电容器两极板电势差与所带电荷量之间的关系。

（1）在以上第一阶段实验基础之上，打开电压传感器窗口，监测电容器两极板间电压。

（2）添加 $U$-$t$ 图线，标记为蓝色。重新设置 $I$-$t$ 图线及 $U$-$t$ 图线取值范围：横轴 $t$ 取值范围为 0～30 s；纵轴 1 为电流 $I$，取值范围设置为 −3～3 A，纵轴 2 为电势差 $U$，取值范围设置为 −18～18 V。

（3）调节电源电压给电容器充电，观察传感器显示的图线变化，等电流减到零，电势差稳定即充电完成，记录此时电势差数值到实验记录表格中。

（4）拨动开关让电容器放电，待电流、电势差均减到零时，放电完毕，停止测量。

（5）利用软件积分放电过程的 $I$-$t$ 图，得到电荷量数值，记录在表格中。

（6）改变电源电压数值，重复以上（3）～（5）步骤，多次测量，获得多组数据填入表格。

（7）换用不同规格电容器，重复以上（3）～（6）步骤，多次测量，获得多组数据填入相应表格。

## （二）实验现象分析

1．实验现象记录：

（1）电容器充电过程中，观察到充电电流由最大值逐渐减小到零，电容器两极板电势差由零逐渐增大到稳定值，充电完毕。

（2）电容器放电过程中，观察到放电电流反向由最大值逐渐减小到零，电容器两极板电势差由最大值逐渐减小到零，放电完毕。

2．实验数据记录如表 1 所示。

**表 1　实验数据记录**

| 电容器 1 | | | | | | | | |
|---|---|---|---|---|---|---|---|---|
| 电势差 $U$/V | 16.24 | 14.19 | 12.15 | 10.11 | 8.08 | 6.05 | 4.04 | 1.99 |
| 电荷量 $Q$/C | 1.745 | 1.552 | 1.325 | 1.100 | 0.870 | 0.648 | 0.427 | 0.209 |
| 电容器 2 | | | | | | | | |
| 电势差 $U$/V | 16.18 | 14.19 | 12.16 | 10.13 | 8.10 | 6.06 | 4.04 | 2.00 |
| 电荷量 $Q$/C | 1.010 | 0.886 | 0.758 | 0.635 | 0.505 | 0.376 | 0.256 | 0.119 |
| 电容器 3 | | | | | | | | |
| 电势差 $U$/V | 16.23 | 14.19 | 12.16 | 10.13 | 8.08 | 6.06 | 4.04 | 2.00 |
| 电荷量 $Q$/C | 0.592 | 0.516 | 0.448 | 0.371 | 0.295 | 0.219 | 0.142 | 0.069 |

3．实验数据处理：

(1) 根据表格数据作出 $Q$-$U$ 图像。

(2) 通过拟合，发现电容器所带电荷量与其两极板间的电势差成线性关系，且直线过坐标原点。

(3) 换用不同规格电容器，均发现：在误差允许的范围内，所作出的 $Q$-$U$ 图像都是过原点的直线，不同电容器所得图线斜率不同，如图 4 所示。

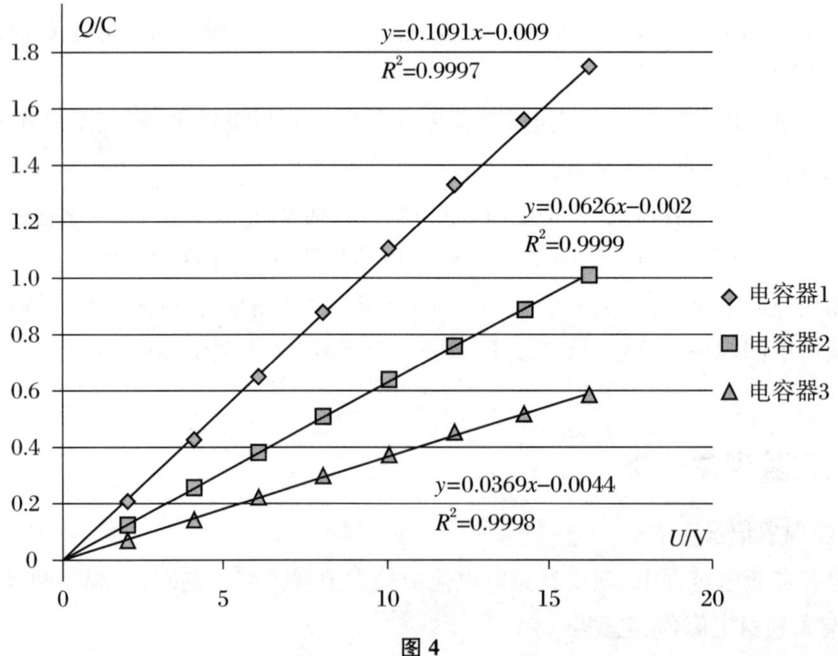


图 4

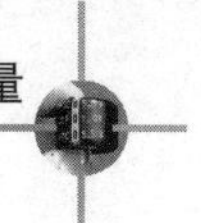

### （三）实验结论

大量实验表明：对于同一电容器，其所带电荷量与其两板间电势差成正比，数学表达式可以写为$\frac{Q}{U}=k$。其中，$k$ 为比例系数，与电容器所带电荷量 $Q$ 及其两板间电势差 $U$ 均无关；不同电容器，比例系数 $k$ 不相同，$k$ 值由电容器本身决定。

### （四）注意事项

1. 选择合适规格的电容器和电阻，以便充电、放电时间恰当，便于观察。
2. 充电、放电时间要充分，充电时保证完全充满，放电过程保证完全放电。

## 四、实验达成的效果

通过传感器辅助的演示实验，学生能够更为直观地看到电容器充电、放电过程中电流和电压随时间的变化，能够便于定量分析电容器所带电荷量与两极板间电势差的关系。通过实验数据的分析，能够有效帮助学生建立并理解电容的概念，从实验的角度突破教学中概念教学的难点。

## 五、实验拓展及展望

通过对实验数据的分析，学生能够理解电容器所带电荷量与两极板电势差的比值只与电容器本身有关，可以进一步在实验的基础之上建立电容的概念。通过对实验数据图像的进一步阐述分析，让学生理解电容是描述电容器储存电荷本领的物理量。

如图 5 所示，当电势差相同时，电容越大的电容器所带的电荷量越大；如图 6 所示，当电势差变化相同时，电容越大的电容器所带电荷量的变化越大。可以看出不同电容器容纳电荷的本领不同，电容是描述电容器容纳电荷本领的物理量。

当学生理解电容与电容器自身因素有关后，再进一步研究平行板电容器的电容与哪些因素有关，可以发展学生对电容概念的进一步认识。

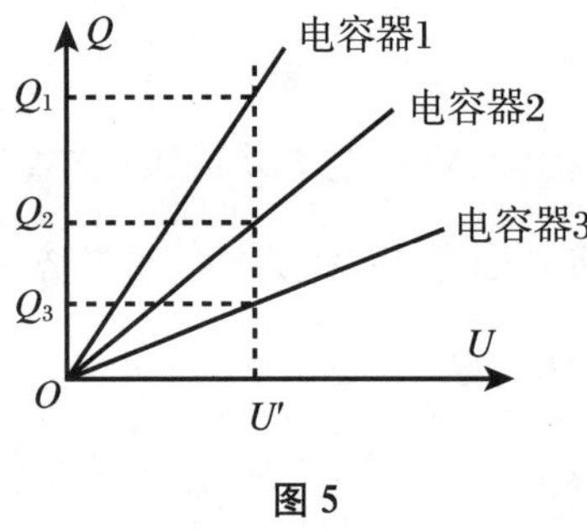

图 5

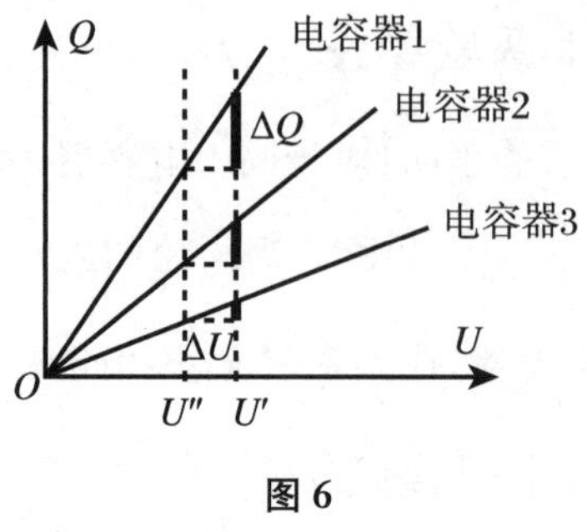

图 6

# 六、实验理解反馈

1. 有一个已充电的电容器，两极板之间的电压为 3 V，所带电荷量为 $4.5\times10^{-4}$ C，此电容器的电容是多少？将电容器的电压降为 2 V，电容器的电容是多少？所带电荷量是多少？

2. 如图 7 所示，以下有关描述某电容器充电时电荷量 $Q$、电压 $U$、电容 $C$ 之间关系的图线，正确的是(　　)。

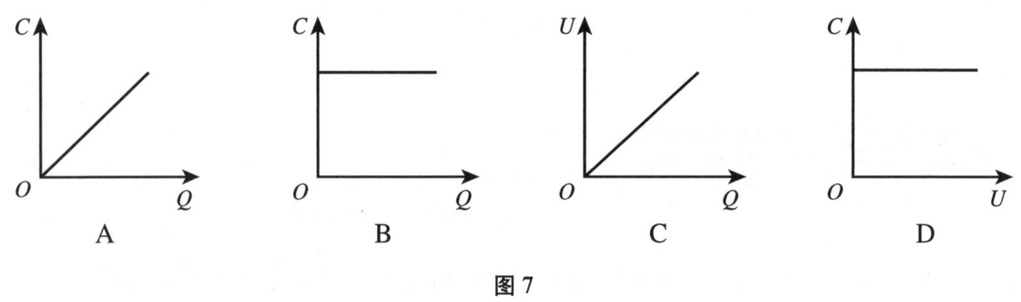

图 7

3. 心室纤颤是一种可能危及生命的疾病。一种叫作心脏除颤器的设备，通过一个充电的电容器对心颤患者皮肤上的两个电极板放电，让一部分电荷通过心脏，使心脏完全停止跳动，再刺激心颤患者的心脏恢复正常跳动。一次心脏除颤器的模拟治疗中，心脏除颤器的电容器电容为 15 μF，充电至 9.0 kV 电压，如果电容器在 2.0 ms 时间内完成放电，这次放电有多少电荷量通过人体组织？

4. 如图 8 所示，按图(a)连接电路，电源用直流 8 V 左右，电容器选几十微法的电解电容器。先使开关 S 与 1 端相连，电源向电容器充电；然后把开关 S 掷向 2 端，电容器通过电阻 $R$ 放电，传感器将电流信息传入计算机，屏幕上显示出电流随时间变化的 $I$-$t$ 曲线，如图(b)所示。

(1) 在图(b)中画出一个竖立的狭长矩形，它的面积的物理意义是________________。

(2) 根据图(b)估算,电容器在全部放电过程中释放的电荷量 $Q=$ ________。

(3) 根据以上数据,估算电容 $C=$ ________。

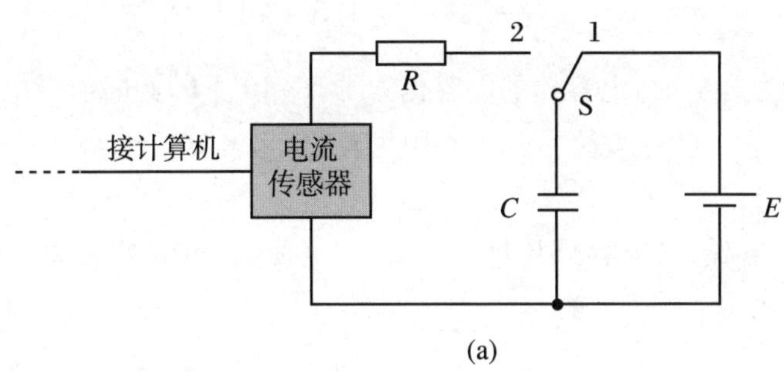


(a)

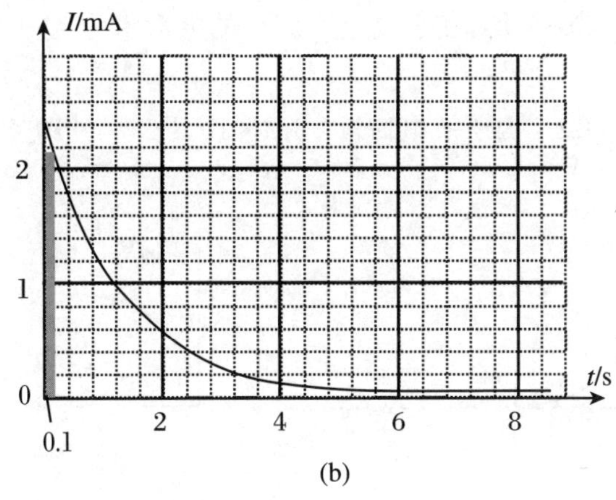


(b)

图 8

5. 如图 9 所示,单刀双掷开关 S 原来和 2 相接,从 $t=0$ 开始,开关改接 1,得到流过电路中 $P$ 点的电流随时间变化的 $I$-$t$ 图像,电容器两极板的电势差 $U_{AB}$ 随时间变化的图像,如图 10 所示。$t=2$ s 时,把开关改接 2,请在图 10 中 $I$-$t$ 图像和 $U_{AB}$-$t$ 图像中画出之后 2 s 时间内图像的大致形状。

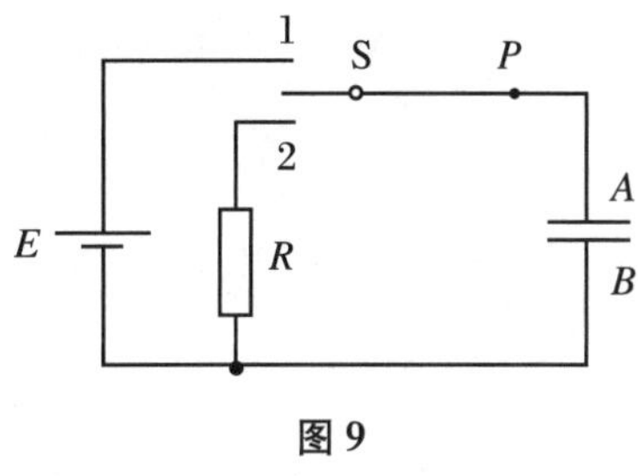


图 9

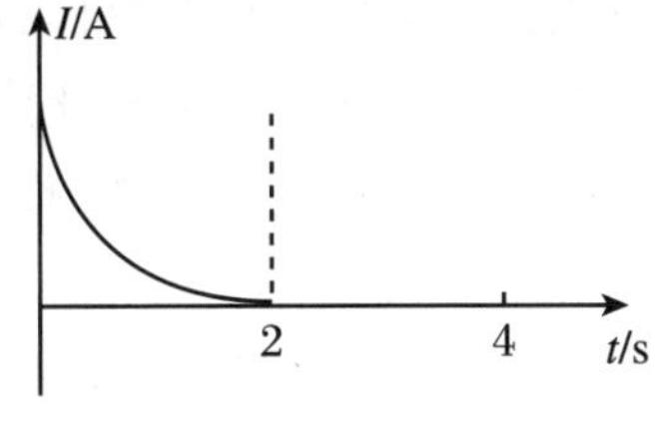


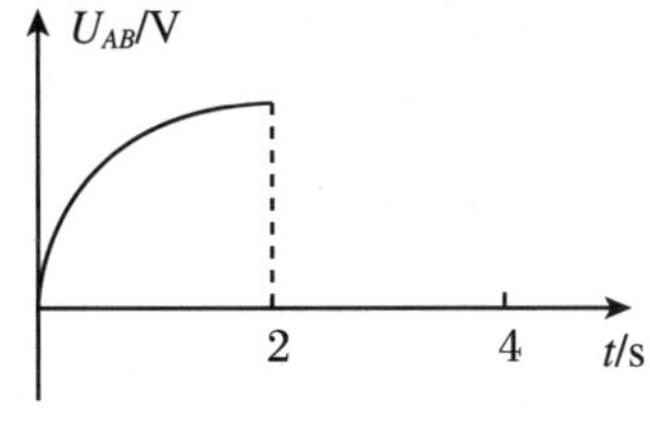


图 10

**答案**

1. $1.5\times10^{-4}$ F, $1.5\times10^{-4}$ F, $3\times10^{-4}$ C。

分析：由 $C=\dfrac{Q}{U}$ 可得

$$C = \frac{4.5\times10^{-4}}{3} = 1.5\times10^{-4}(\text{F})$$

当电容器的电压降为 2 V 时，电容器的电容仍为 $1.5\times10^{-4}$ F，此时所带电荷量为

$$Q = CU = 1.5\times10^{-4}\times2 = 3\times10^{-4}(\text{C})$$

2. BCD。

分析：对确定电容器，其电容只与自身有关，与电荷量、电势差无关。对确定电容器，电荷量与电势差成正比。

3. 0.135 C。

分析：根据 $Q=CU$ 可得，完全放电所放出的电荷量为 $Q=CU=15\times10^{-6}\times9.0\times10^{3}=0.135$ C。

4. 电容器在此 0.1 s 内所放电荷量，$3.2\times10^{-3}$ C，$4\times10^{-4}$ F。

5. 如图 11 所示。

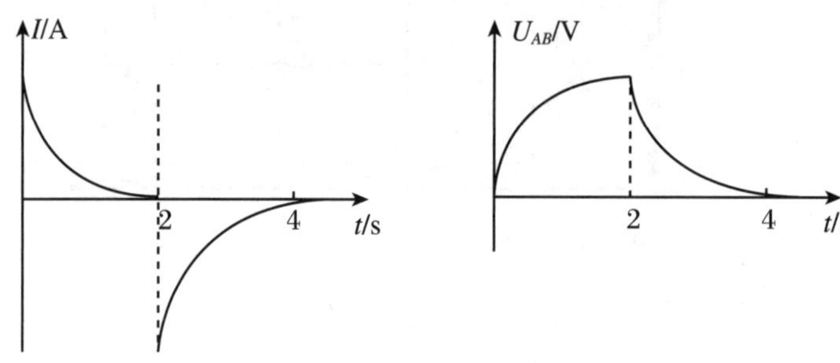


**图 11**

# 七、实验教学建议

用传感器观察电容器充电、放电过程中电压、电流随时间变化规律，可以帮助学生更直观地认识电容器充电、放电的特点和规律。通过计算机软件直接测量和计算电压、电流数值，并画出图线。学生通过定量实验，更加深入理解了电容器的概念，该实验在电容概念教学中发挥了突出的作用。

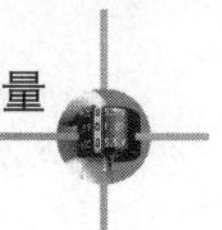

# 实验教学片段

## 环节一

在实验之前，引导学生回顾电容器的相关知识，启发学生设计相关电路。

1. 同学们观察电容器，它的结构如何？

（电容器由两个相距很近的平行金属板中间夹上一层绝缘物质组成。）

2. 将电容器与电源相连，会有怎样的现象呢？

（学生猜想电容器处断路，连入电路后不会有电流。）

3. 想要验证以上猜想，如何选择合适的电路元件进行电路设计？

（学生画出简单的电路原理图，选择电流表连入电路进行观察。）

**设计意图**

让学生明确电容器的结构，根据已有知识对实验现象进行预判，设计实验进行验证。

## 环节二

演示实验操作。

把直流电源、电阻、电容器、电流表、电压表以及单刀双掷开关组装成实验电路，如图 12 所示。

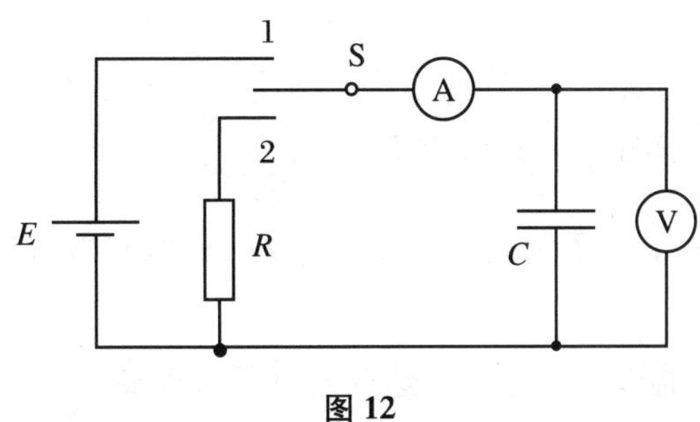


图 12

把开关 S 接 1，此时电源给电容器充电。在充电过程中，可以看到电压表示数迅速增大，随后逐渐稳定在某一数值，表示电容器两极板间具有一定的电势差。通过观察电流表可以知道，充电时电流由电源的正极流向电容器的正极板。同时，电流从电容器的负极板流向电源的负极。随着两极板之间电势差的增大，充电电流逐渐减小至 0，此时电容器两极板带有一定的等量异种电荷。即使断开电源，两极板上的电荷由于相互吸引而仍然被保存在电容器中。把开关 S 接 2，电容器对电阻 $R$ 放电。观察电流表可以知道，放电电流由电容器的正极板经过电阻 $R$ 流向电容器的负极板，正、负电荷中和。此时两极板所带的电荷量减小，电势差减小，放电电流也减小，最后两极板电势差以及放电电流都等于 0。

4. 请同学描述观察到的实验现象。充电时，电流和电压随时间如何变化？充电结束后，电流和电压的数值如何？

（在充电过程中，可以看到电压表示数迅速增大，最后逐渐稳定在某一数值；电流表示数由某一值迅速减小，最后减小到零。）

5. 请同学描述观察到的实验现象。放电时，电流和电压随时间如何变化？放电结束后，电流和电压的数值如何？

（在放电过程中，可以看到电压表示数迅速减小，最后减小到零；电流表示数也由某一值迅速减小至零。）

6. 电容器接入电路时会有充电、放电现象，电路的电流随时间变化，随着电容器电荷量的增多，电容器两极板间的电势差也随之发生变化，具体它们是怎样的关系呢？可以借助传感器帮助我们看到这样的变化过程。

**设计意图**

学生通过实验了解电容器充电、放电过程中电流随时间的定性变化，通过设计传感器实验能够得到定量数据进行分析，从定性到定量，层层递进。

7. 按实验步骤演示实验，获得数据。对得到的多组数据，可以将数据绘制成 $Q$-$U$ 图进行处理。通过图像拟合，能够看出对于同一个电容器，其所带电荷量与两板间的电势差成正比，对不同的电容器，比例系数不同，可见该比例系数只与电容器本身有关。

**设计意图**

通过演示实验的定量分析，得到电容器所带电荷量与两板间电势差的关系，进一步通过提问引导学生分析该比例系数的物理意义。

8. 同学们观察所展示的三条不同电容器的 $Q$-$U$ 图像，当电势差相同时，哪个电容器储存的电荷量最多？

（当电势差相同时，电容较大的电容器储存的电荷量较多。）

9. 那么对于相同电势差的变化，对应电容器储存电荷量的变化谁较大呢？

（当电势差变化相同时，电容较大的电容器其对应的电荷量的变化较大。）

10. 通过以上分析，你能说出电容器电容的物理意义吗？

（电容器的电容可以用来描述电容器储存电荷的本领。电容较大，说明该电容器储存电

荷的本领较大；电容较小，则说明该电容器储存电荷的本领较小。）

**设计意图**

引导学生对实验数据图像做进一步阐述分析，让学生理解电容是描述电容器储存电荷本领的物理量。

# 实验十　利用传感器探究线性与非线性元件

## 一、实验设计意图

“导体的电阻”是2019年版新教材第十一章“电路及其应用”第二节的内容。本节内容是在初中物理内容“导体对电流的阻碍”基础上的进一步深入学习。新教材将“导体的电阻”这节内容从原有教材相应章节的第六节提前到了第二节，以体现“电阻”概念是电路的基础，突出其在电路部分教学中的重要性。

《北京市普通高中物理学科教学指导意见(2018年版)》中要求：通过实验，探究并了解金属导体的电阻与材料、长度、横截面积的定量关系，会测量金属丝的电阻率。新教材对导体电阻的研究，沿用了旧教材的处理方式，在探究金属导体的电阻与材料、长度、横截面积的定量关系实验中让学生领会控制变量的思想。

但新教材在原有教材的基础上也进行了部分调整，将旧教材在(部分)欧姆定律一节中的“伏安特性曲线”纳入“导体的电阻”一节中的“拓展学习”版块，通过 *I-U* 图像了解材料的电阻特性，建议分别描绘电炉丝、小灯泡、半导体二极管的 *I-U* 特性曲线，对比它们导电性能的特点，强调培养学生“科学探究”的物理学科素养，重在培养学生获取和处理信息、设计简单的电学实验、通过实验获取证据、基于证据分析论证的能力。

在以往的教学中多数以定值电阻的比较为主，再单独研究小灯泡的灯丝电阻，对于二极管在电路中的作用主要依赖学生劳技课上的知识一带而过。针对新教材和“指导意见”的新要求，在设计本实验时，以学生原有的对“导体对电路的阻碍作用”的认识为基础，引入电流、电压传感器，利用其可同时多路测量的特点突出同类元件、不同类元件的对比，重在让学生在实验探究中，理解元件特点不同，对电路的阻碍效果不同。

# 二、实验设计内容

## (一) 设计思路

本实验在设计时主要考虑解决以往教学中的三个问题：

其一，如何在课堂上实时记录数据并迅速处理数据，在同一坐标系中描绘不同电阻元件的伏安特性（*I-U*）曲线以便于比较。

其二，对比定值电阻和小灯泡灯丝在不同电压下（温度不同）对电流的阻碍不同，既要让学生了解电阻率对温度敏感的非线性元件，又要让学生知道在温度较低时电阻率变化不很明显。

其三，通常的二极管“正向导电，反向截止”是一种不准确的说法，实际是二极管正向电阻很小，反向电阻很大，并且反方向电压很大时会击穿二极管“导电”，在中学课堂这个部分以往只是利用图片说一说，因为设备的限制并不会实际操作。

以上问题均可通过传感器辅助实验并提高实验精度来解决落实。

## (二) 实验原理

部分电路欧姆定律 $R=\dfrac{U}{I}$。实验原理图如图 1 所示。

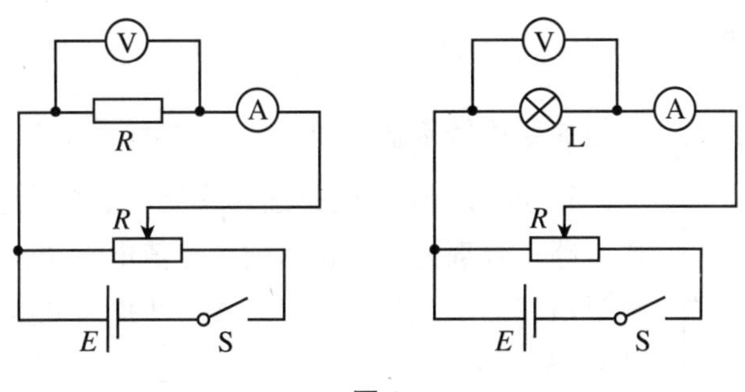


**图 1**

## (三) 实验器材

学生电源（直流 6 V），滑动变阻器（5 Ω/20 Ω），定值电阻几个（10 Ω/20 Ω），小灯泡（3.8 V，0.3 A/6.2 V，0.5 A），二极管（1 A，50～1000 V，1.1 μs），电流传感器（2 A/20 mA），电压传感器（采样频率 20 Hz/5 kHz）。

### （四）实验装置

实验装置照片如图 2 所示。

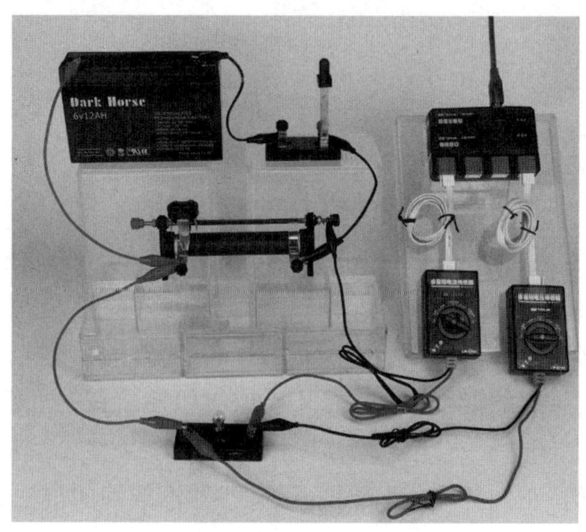


图 2

## 三、实验实施过程

### （一）实验步骤

**第一组实验：通过 *I-U* 特性曲线比较定值电阻、小灯泡灯丝电阻**

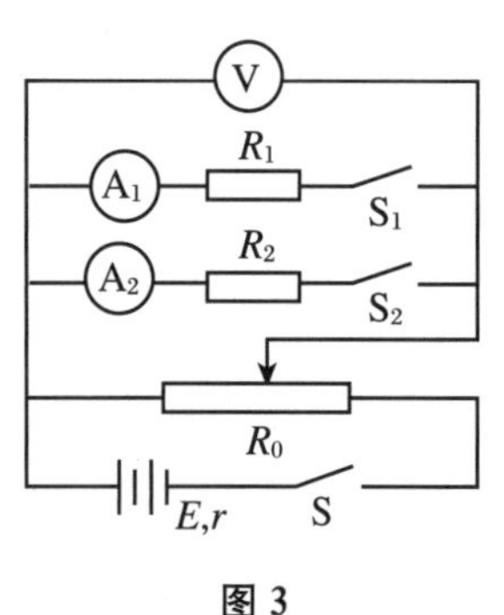


图 3

1. 按图 3 所示电路连接实物（或在面包板上连接元件），分压电路负载部分并联接入两个定值电阻 $R_1$(10 Ω)、$R_2$(20 Ω)及测量所用的电流传感器 $A_1$、$A_2$，再并入电压传感器 V，主开关 S 断开（分开关 $S_1$、$S_2$ 用传感器是否工作间接控制），滑动变阻器滑动端初始置于输出电压为零一端。

2. 打开传感器系统软件，连接数据采集器，将电流传感器 $A_1$、$A_2$，电压传感器 V 分别接入采集器通道 1、2 和通道 3；设置 *I-U* 坐标轴取值范围（电流 −0.1～0.55 A，电压 −0.2～6 V）。

3. 第一次实验，闭合开关 S、$S_1$ 和 $S_2$，电流传感器 $A_1$、$A_2$ 和电压传感器 V 归零，将滑动变阻器滑动端从输出电压为零一端均匀地滑至另一端，电压传感器示数接近 6 V 可停止，断开开关 S、$S_1$ 和 $S_2$，停止采集数据，将滑动变阻器滑动端移回输出

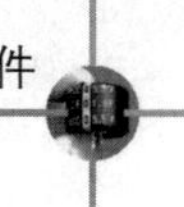

电压为零一端。

4．观察分析输出端两个定值电阻的 $I$-$U$ 图线。

分析：$I$-$U$ 图线斜率为电阻的倒数，根据 $I$-$U$ 图线的拟合方程，可以得到两个电阻的阻值。数据分析见图 4。

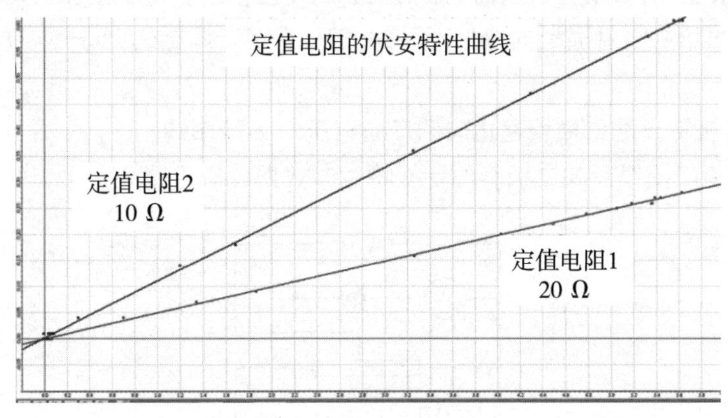


**图 4**

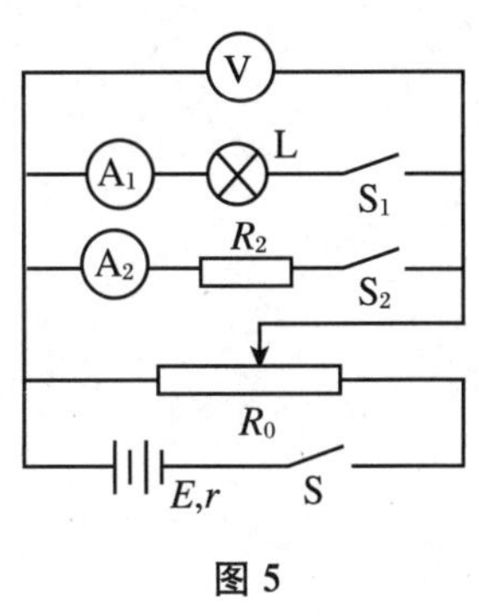


**图 5**

5．按图 5 所示电路连接实物（或在面包板上连接元件），将接有定值电阻 $R_1$（10 Ω）及测量所用的电流传感器 $A_1$ 的支路拆下，更换连接一个小灯泡及测量所用的电流传感器。

6．第二次实验，闭合开关 S、$S_1$ 和 $S_2$，电流传感器 $A_1$、$A_2$ 和电压传感器 V 重新归零，将滑动变阻器滑动端均匀地从输出电压为零一端滑至另一端，电压传感器示数接近 6 V 可停止，断开开关 S、$S_1$ 和 $S_2$，停止采集数据，将滑动变阻器滑动端移回输出电压为零一端。

7．观察分析输出端定值电阻和小灯泡的 $I$-$U$ 图线。

分析：小灯泡的 $I$-$U$ 图线反映灯丝的什么特性？数据分析见图 6。

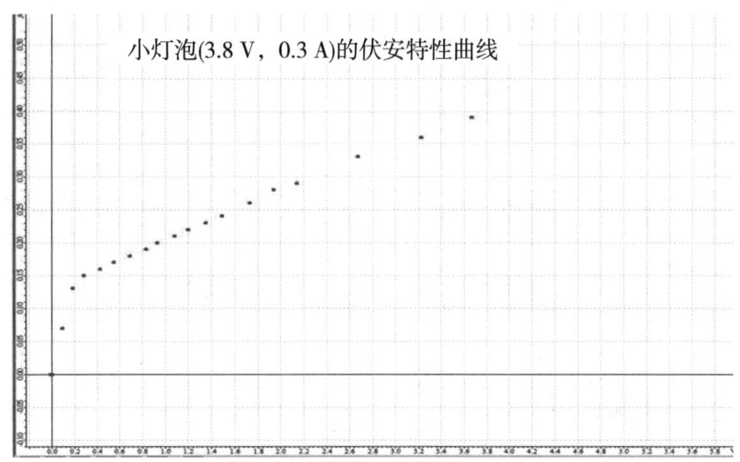


**图 6**

**第二组实验:研究二极管正向、反向导电特征**

8. 按图7所示电路在面包板上连接元件,其中将滑动变阻器更换为电位器(可以正接、反接),电流传感器为毫安级。

9. 第三次实验,给二极管通正向电压,通过分压电路的电位器将电压从最大(+6 V)逐渐调小(至零),再给二极管通反向电压,并将电压从零逐渐调至最大(-6 V),这样可以连续操作。

10. 观察分析输出端二极管通正向和反向电压的 *I-U* 图线。

分析:这条 *I-U* 图线反映二极管的什么特性?数据分析见图8。

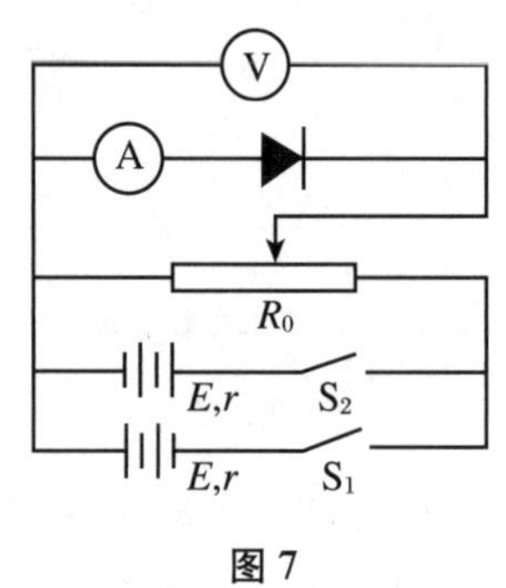


**图 7**

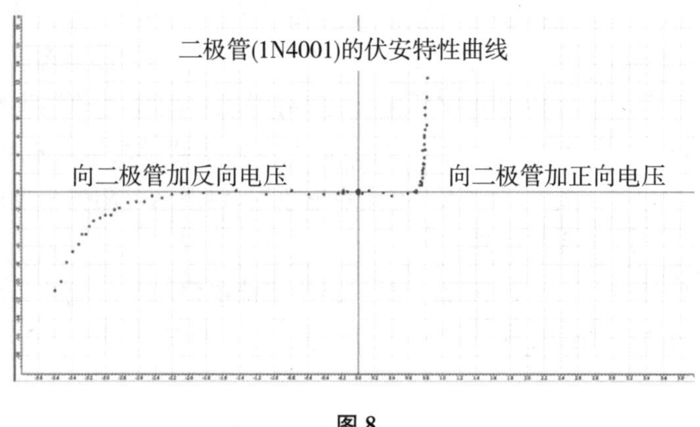


**图 8**

## (三)实验结论

1. 对于金属导体,在温度没有显著变化时,电阻几乎是不变的(不随电流、电压改变),它的伏安特性曲线是一条过原点的直线,即电流 $I$ 与电压 $U$ 成正比,具有这种伏安特性的电学元件叫作线性元件。电流与电压不成正比,伏安特性曲线不是直线的电学元件叫作非线性元件。

2. 小灯泡的 *I-U* 特性曲线各点斜率逐渐减小,说明灯丝电阻率随温度升高而减小。

3. 二极管正向电阻很小,反向电阻很大,但有反向击穿电压。

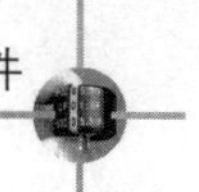

### （四）误差分析

1. 电流传感器的内阻较大。

2. 实验中要考虑温度对电阻率的影响，特别是小灯泡实验，分压电路滑动端移动快慢影响图线。

### （五）注意事项

1. 每次实验都应均匀地以适当速度移动滑动端。

2. 每次实验操作完都要及时断开主开关 S，以免长时间通电导致温度变化带来不好的影响。

## 四、实验达成的效果

本探究实验，达到了预期的效果：

1. 在课堂上实时记录数据并迅速处理数据，在同一坐标系中描绘不同电阻元件的伏安 $I$-$U$ 特性曲线以便于比较。

2. 学生了解了电阻率对温度敏感的非线性元件。

3. 学生通过实时观察分别加“正向”“反向”电压并不断增大电压的过程中二极管的“导电”情况，了解了实际二极管正向电阻很小，反向电阻很大，并且反向电压很大时会击穿二极管“导电”。

## 五、实验拓展及展望

本实验不是所有学校都能在课堂实现，因为并不是所有学校物理实验室都具备传感器及其配套设备，本实验是在学校实验室条件允许的情况下开展的课堂探究实验。所以特别希望，首先能实现所有学校均能课堂演示；其次当实验条件许可时，可考虑将本实验改成学生实验，学生自己经历探究过程，更强调学生自主进行“科学探究”、获得“科学态度与责任”。

# 六、实验理解反馈

1. 某同学对四个电阻各进行了一次测量，把每个电阻两端的电压和通过它的电流在平面直角坐标系中描点，得到了图 9 所示 $A$、$B$、$C$、$D$ 四个点。请比较这四个电阻的大小。

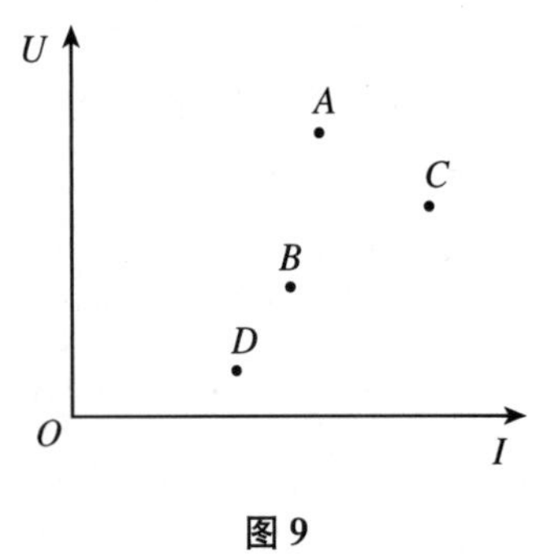


图 9

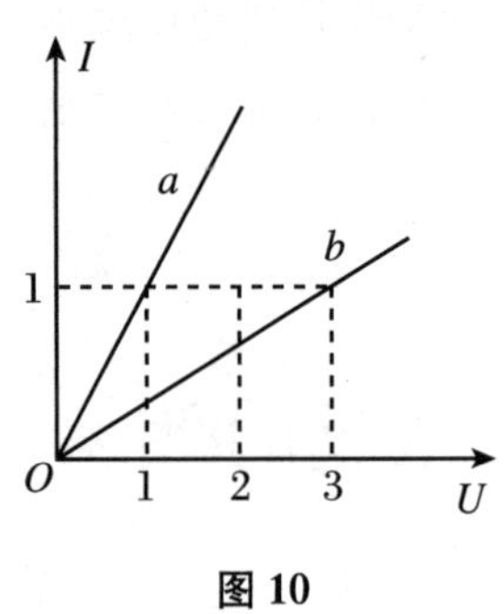


图 10

2. 两导体的 $I$-$U$ 关系如图 10 所示，图线 $a$ 表示的导体的电阻为 $R_1$，图线 $b$ 表示的导体的电阻为 $R_2$，则下列说法正确的是（　　）。

A. $R_1 : R_2 = 1 : 3$

B. $R_1 : R_2 = 3 : 1$

C. 将 $R_1$ 与 $R_2$ 并联后接于电源上，则电流比为 $I_1 : I_2 = 1 : 3$

D. 将 $R_1$ 与 $R_2$ 串联后接于电源上，则 $R_1$ 消耗的功率小

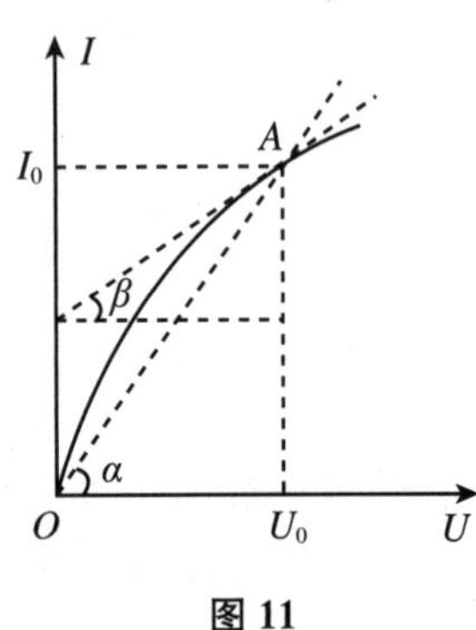


图 11

3. 假设某同学研究得到某白炽灯的伏安特性曲线如图 11 所示，图像上 $A$ 点与原点的连线与横轴成 $\alpha$ 角，$A$ 点处的切线与横轴成 $\beta$ 角，则下列说法正确的是（　　）。

A. 白炽灯的电阻随电压的增大而减小

B. 在 $A$ 点，白炽灯的电阻可表示为 $\tan\beta$

C. 在 $A$ 点，白炽灯的电功率可表示为 $U_0 I_0$

D. 在 $A$ 点，白炽灯的电阻可表示为 $\frac{U_0}{I_0}$

4. 一白炽灯泡的额定功率为 36 W、额定电压为 36 V。若把此灯泡接到输出电压为 18 V 的电源两端，则灯泡消耗的电功率（　　）。

A. 等于 36 W　　B. 小于 36 W，大于 9 W

C. 等于 9 W　　D. 小于 9 W

**答案**　1. $R_A > R_B = R_C > R_D$　2. AD　3. CD　4. B

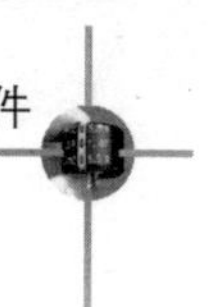

# 七、实验教学建议

合理、适时的课堂实验可以帮助学生通过先观察对比，再分析总结，最终得出结论，完整经历科学探究的过程，更好地理解新的概念规律。但具体在教学中如何使实验最大限度地发挥其作用，在于实验在课堂上的有效实施。

本实验是“线性与非线性元件”一节中的过程性实验，目的在于引导学生在已有电阻概念的基础上逐步认识到因为不同材料特性导致导体电阻的不同类型，认识到自然界事物是复杂多样的，以培养学生不断探究的科学意识。

## 实验教学片断

引入：学生之前接触的导体电阻以及实验中的小灯泡灯丝电阻都是“固定”的，而通过前面“电阻”一节的学习，知道了影响导体电阻的因素，本实验通过实际测量来看看常见元件的电阻。

### 环节一

定值电阻的测量。

1. 教师提问：如何测量导体的电阻？

（学生回答：使用电压表和电流表分别测量电压和电流，再根据欧姆定律 $R=\dfrac{U}{I}$ 计算得出电阻值。）

2. 电压表、电流表的测量需要逐一读数，如果存在多条支路则读取数据更加不便，而且之后还要通过计算才能得到结果，这里用电压传感器、电流传感器分别替代两块电表，传感器不但读取数据快捷准确，还能同时借助电脑软件实时记录数据描绘 $I$-$U$ 图的点迹，便于后期分析使用。

（教师操作，使用摄像头摄影实时将老师在讲台上的操作投放到教室的屏幕上。）

3. 第一次实验，选择两个标记“？Ω”的定值电阻。（电阻值不告知学生。）

4. 将两个电阻并联，保证电压相同，通过分压电路不断改变电压，实时记录电压/电流数据。

5. 观察分析输出端两个定值电阻的 $I$-$U$ 图线，并通过 $I$-$U$ 图线的倒数得到两个定值电阻分别为 10 Ω/20 Ω，与标记值一致。

**设计意图**

通过实验对比，让学生认识到通过电阻材料的选择可以控制在不同温度下电阻保持一定，给出线性元件的定义，同时让学生进一步了解传感器及其辅助程序在实验中的便捷。

## 环节二

小灯泡电阻的测量。

6. 教师提问：那么我们实验中经常用到的小灯泡的灯丝电阻是否也是一定的呢？毕竟小灯泡在正常发光时，灯丝的温度是很高的。

学生可能猜测：

(1) 灯丝电阻也是一定的(初中印象深刻)。

(2) 灯丝电阻也许会变化(有所期待，灯丝发光温度很高)。

7. 第二次实验，将一个支路上的定值电阻拆下换成小灯泡，重新实验。

(建议使用一条支路，只观察小灯泡灯丝随温度升高的实时 *I-U* 数值；当然也可以与一个定值电阻并联，两条支路同时观察。)

8. 观察分析输出端小灯泡的 *I-U* 图线。

**设计意图**

让学生了解电阻率对温度敏感的非线性元件，并知道在额定电压附近电阻率变化不很明显，所以初中阶段可近似认为灯丝电阻不变。

## 环节三

二极管电阻的测量。

9. 教师提问：同学们了解你们在劳技课上使用过的二极管的特性吗？

(学生回答：二极管正向导电，反向截止，就是反向不导电。)

10. 采用同样的实验方法观测二极管对电流的阻碍作用。

11. 观察分析二极管的 *I-U* 图线。

**设计意图**

使学生了解通常所说的“二极管正向导电、反向截止”是一种不准确的说法，实际是二极管正向电阻很小，反向电阻很大，并且反向电压很大时会击穿二极管“导电”。

## 环节四

分析总结。

12. 通过实验观察，发现导体对电路均有阻碍作用，但不同类型的元件对电流的阻碍效果不同，可以分为线性元件和非线性元件。

# 实验十一　探究影响平行板电容器电容的因素

## 一、实验设计意图

“探究影响平行板电容器电容的因素”是 2019 年版新教材第九章“静电场及其应用”第四节的一个拓展学习实验。教材上的实验如图 1 所示。

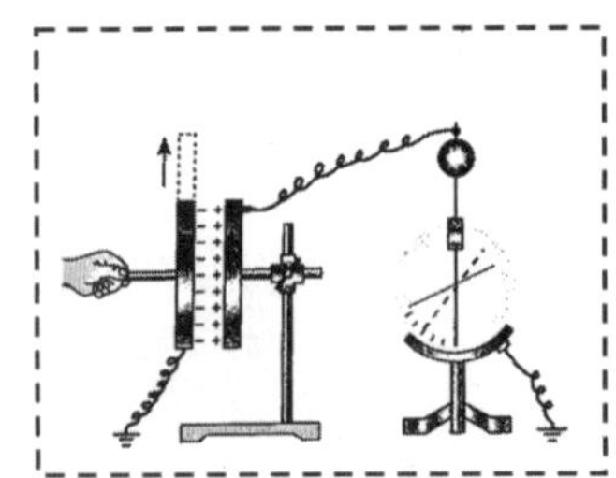

甲　正对面积$S$对电容$C$的影响

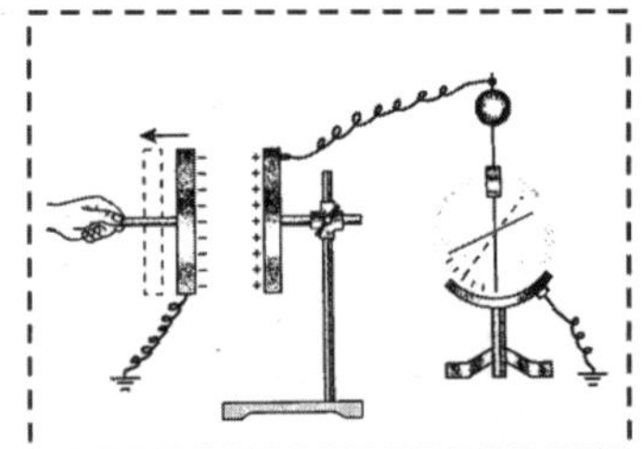

乙　两板间的距离$d$对电容$C$的影响

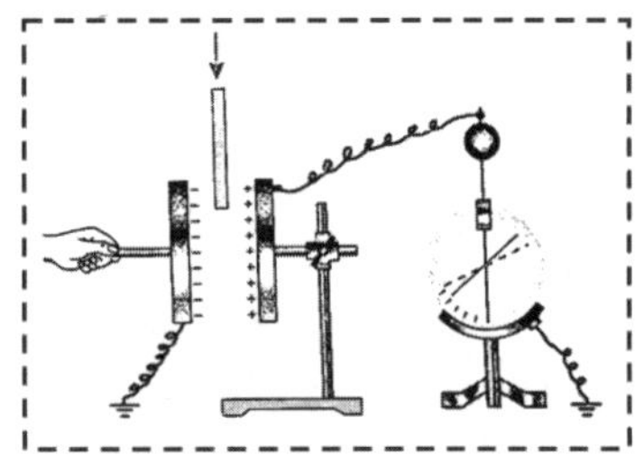

丙　电介质对电容$C$的影响

**图 1**

在该部分之前，教材已经给出了电容的定义式 $C=\dfrac{Q}{U}$，但是该式不能反映影响电容大小的因素是什么。由于高中学生并不具备用理论推导的方式研究该问题的理论基础，所以教材用实验手段进行探究。各种电容器中，以平行板电容器最为基本，它也是分析其他类型电容器的基础，所以教材选择探究影响平行板电容器电容的因素。

学习该节以前学生已经了解了静电平衡、匀强电场、电势差与电场强度的关系，具备了分析电容器的知识基础。通过该实验，还能帮助学生体会研究问题的一个重要的研究方法——控制变量法。但是，由于实验条件的限制，测量电势差需要用到静电计，而其原理并不很容易被高中学生所理解，所以大多数时候，我们选择直接告知静电计的作用，这也是该实验的难点和需要改进之处。

# 二、实验设计内容

## (一) 设计思路

采用控制变量法进行实验，在其他量不变的情况下，分别改变平行板两板间距 $d$、正对面积 $S$、板间电介质，观察平行板电容器的电容如何变化。我们只能用电容的定义式 $C=\frac{Q}{U}$ 考查平行板电容器的电容，但 $Q$ 的测量和控制显然是困难的，所以实验选择保持 $Q$ 不变，通过测量电压 $U$ 的变化定性判断电容的变化，探究各因素如何影响平行板电容器的电容。本实验的成功，依赖于以下两点：

1. 避免平行板电容器向空气或者大地快速放电。静电实验对环境和器材的要求比较高：一是要求实验空间空气足够干燥；二是要求实验器材表面平滑无突起；三是要保证支撑导体的绝缘体的绝缘性能。为达到上述要求，可以提前用除湿器或者用热吹风对实验台进行干燥处理，以及更换支撑绝缘体的材料（如石蜡和聚四氟乙烯），或者将橡胶、有机玻璃等材料表面清洗干净之后浇上一层熔化了的洁净石蜡，以保持绝缘体表面的清洁和干燥。另外，要注意的是，操作者与导线的接触也可以导致电容器放电，所以，操作者最好戴上绝缘手套进行操作，或者在握持导线处用绝缘胶带缠上几圈。

2. 测量平行板电容器的电势差。本实验选择用静电计测量平行板电容器的电势差。静电计的外壳与金属杆、金属指针构成一个电容器，如图 2(a)所示。当外壳和金属杆分别与平行板电容器的两板连接时，相当于两个电容器并联，如图 2(b)所示。静电计两极间的电势差由待测电容器的电势差决定，根据电容器满足的 $Q \propto U$ 关系，电势差又决定了静电计指针上的电荷量，而指针上的电荷量决定了指针的张角。所以，静电计是测量电势差的仪器。

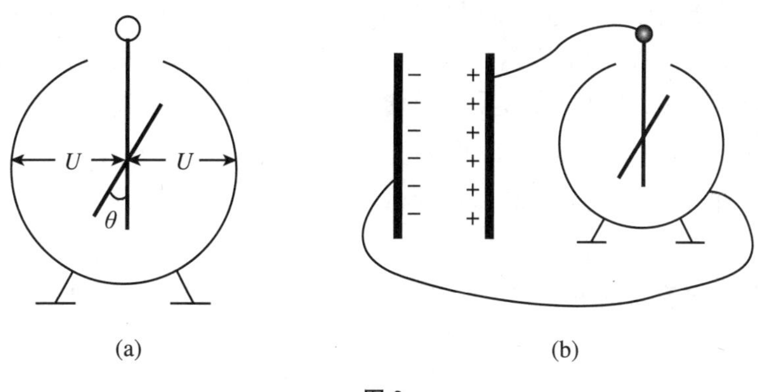


图 2

可能有同学提出：为什么不用电压表测量电容器两板间的电势差？其原因是，无论数字式电表还是磁电式电表，都需要让电流流过仪表，这就意味着电容器在放电。放电过程中，电容器的电荷量随时间变化的规律满足 $q=q_0 e^{-t/RC}$，其中 $q_0$ 代表电容器刚开始放电时的电荷量，$R$ 为放电回路的总电阻，$C$ 是电容器的电容。时间常数 $RC$ 决定了放电时间的长短：经过时间 $t=5RC$ 后，电荷量 $q$ 就会降为初始电荷量 $q_0$ 的 1%。本实验中平行板电容器的电容很小，为几十 pF，如果用磁电式电压表（内阻 $R\sim10^3\ \Omega$）测量，$RC$ 的量级仅为 $10^{-8}$ s，即使用数字式电压表（内阻 $R\sim10^6\ \Omega$）测量，时间常数 $RC$ 也只有 $10^{-6}$ s 量级，很短时间内就可以把电荷中和完，显然不可行。

## （二）实验原理

实验原理如图 3 所示。可以选择分别将静电计的外壳和金属球及金属杆与平行板电容器的两板连接，如图 3(a)所示。也可以选择将静电计的外壳和电容器的一板同时接地，金属球与电容器的另一板相连，如图 3(b)所示。两种接法都可以使静电计的电势差与平行板电容器相等。

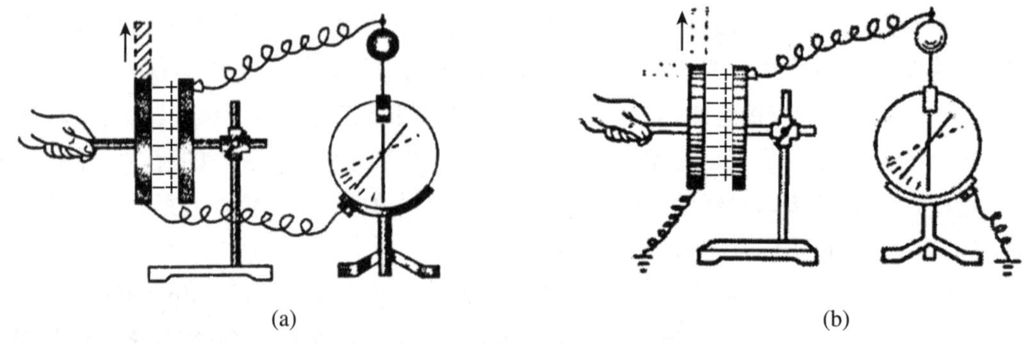


图 3

采用第二种连接方式，只需要令电容器的不接地板带电，利用静电感应的原理，电容器的接地板就会自动带等量异号电荷。用取电球向不接地极板转入或者转出电荷，就可以比较方便地控制电容器所带电荷量。如果采取图 3(a)所示电路，则需要用感应起电机的两极连接平行板电容器的两板，向电容器充电，由于感应起电机起电量较大，有可能充电过多导致静电计初始张角过大，此时可以令两根导线接触一下，放掉一些电荷。另外，采取图 1 所示电路，两根导线也构成了电容器，而采取接地的做法，导线与大地构成电容器。这两个电容器都会分得一部分电荷。相比而言，接地做法中，导线与大地构成电容器的电容值更小，可能有助于减小对平行板电容器的影响。所以，我们常采取第二种连接方式。

若满足平行板电容器的电容 $C\gg$ 静电计的电容 $C_{计}$，那么静电计带的电荷量就可以忽略不计，实验过程中，可认为平行板电容器的电荷量保持不变，所以 $C\propto\frac{1}{U}$。增大两板间距 $d$，若电压 $U$ 增大，说明 $C$ 随 $d$ 的增大而减小；增大板正对面积 $S$，若 $U$ 减小，说明 $C$ 随 $S$ 的增大而增大；用绝缘电介质板（例如书本）插入平行板中间，若 $U$ 发生变化，说明 $C$ 与电介质的

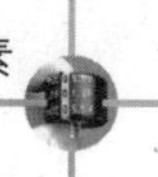

性质有关。

### （三）实验器材

平行板电容器，静电计，导线，接地线，感应起电机，电介质板。

### （四）实验装置

实验装置照片如图 4 所示。

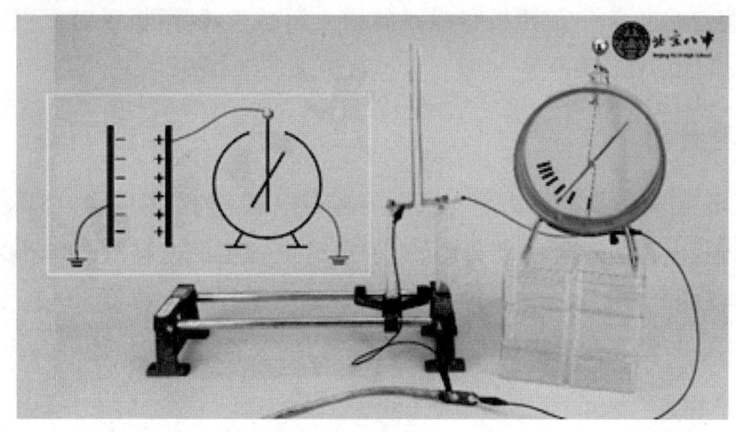

图 4

## 三、实验实施过程

### （一）实验步骤

1. 充电。

将两金属板平行正对放置，间距 2～3 mm，按照电路图连接电路。令感应起电机起电，用取电球向不接地的极板转移电荷，当静电计的指针张角到约 15°（不超过静电计表盘上第一格处），停止转移电荷。若按接法一，则应将感应起电机与电容器两极板连接。一定要缓慢摇动手柄，当指针张角达到 15°，停止摇动，取下导线。若带电量较多指针张角过大，可将两条导线捏在一起中和掉部分电荷。

2. 保持其他条件不变，研究电容 $C$ 与板间距 $d$ 的关系。

快速将一板拉开至两板相距 3～4 cm，可以看到指针突然上抬，最终稳定在 45°左右。说明 $d$ 增大，电势差 $U$ 增大，电容 $C$ 减小。

3. 保持其他条件不变，研究电容 $C$ 与板正对面积 $S$ 的关系。

将两金属板平行正对放置，间距 2～3 mm。仍然维持 15°的初始张角。移动其中一板，使正对面积 $S$ 减小。观察到指针抬高，即电势差 $U$ 增大，说明电容 $C$ 减小。

4. 保持其他条件不变，研究电容 $C$ 与板间电介质的关系。

将两金属板平行正对放置，间距 5 mm。此次使张角增大，当达到约 45°时，在板中间插入电介质板（或书本）。观察到指针下摆少许，即电势差减小，说明电容 $C$ 增大。

## （二）实验结论

平行板电容器的电容 $C$ 随两板间距 $d$ 的增大而减小，随两板正对面积 $S$ 的增大而增大，且与板间电介质的性质有关。

## （三）误差分析

实验中，充电完毕后，我们认为平行板电容器带电量 $Q$ 保持不变。实际上这是需要条件的。除了平行板电容器的电容 $C$ 外，还有静电计电容器的电容 $C_{计}$ 和导线与大地（或导线）形成的电容器的电容 $C_{线}$。三个电容器是并联的。平行板电容器的电容发生变化，会导致三个电容器的电荷量都发生变化。只有当 $C$ 远大于 $C_{计}+C_{线}$ 时，才可以认为极板电荷量 $Q$ 几乎不变。

然而经测量，直径为 19.6 cm 的金属板在空气中相距 1 cm 时的电容 $C$ 仅为 40 pF，在相距 3 cm 时，$C$ 就已经下降到了约 14 pF。而静电计的电容 $C_{计}$ 就已经达到了约 10 pF。两根长约 50 cm 的鳄鱼夹导线在平行且相距较近的情况下，电容 $C_{线}$ 也可以达到 10 pF。这与理想条件相差甚远。故难以保证平行板电容器的电荷量 $Q$ 在实验过程中不变，从而导致测量 $U$ 时会产生误差。

## （四）注意事项

1. 实验开始时，静电计的张角要合适。

理论上的近似计算和实验表明：在 60°以内，箔叶张角 $\theta$ 和电势差 $U$ 之间的关系近似满足 $\sin\theta=KU^2$，其中 $K$ 是由静电计结构尺寸决定的常量。显然两者之间成非线性关系。同样的电势差变化量 $\Delta U$，初始张角 $\theta_0$ 越小，张角变化 $\Delta\theta$ 越大。为使张角变化明显，应控制电容器的初始电压 $U$ 合适，使 $\theta_0$ 较小，取 15°左右较好（指针大约处于第一格左右）。

2. 实验过程中，应使 $d$ 从较小值开始变化。

首先，为使 $C$ 尽量大些，在现有器材条件下，只能尽量缩小平行板的间距 $d$ 以增大 $C$。

另外，平行板电容器的电容公式 $C=\dfrac{\varepsilon_r S}{4\pi kd}$ 的成立要求板间距 $d \ll$ 板长 $L$，工程上一般要求 $d<\dfrac{1}{5}L$，最好满足 $d<\dfrac{1}{10}L$。那么现有条件下，$d$ 最好不要超过 4 cm。从扩展可调节范围的角度出发，我们同样需要把初始平行板间距尽量缩小。

再者，在只改变 $d$ 的情况下，根据微分原理，$\Delta C=-\frac{\varepsilon_r S}{4\pi k d^2}\Delta d$，这说明在 $d$ 的变化量 $\Delta d$ 相同时，$d$ 的值较小时电容的变化量 $\Delta C$ 较大。所以，为了获得比较明显的指针张角变化，亦需要从 $d$ 较小时开始变化。

综上所述，实验过程中应使初始间距 $d$ 尽量小(5 mm 以内)。

# 四、实验达成的效果

本探究实验，达到了比较满意的效果：

1. 成功地再现了教材上该节的拓展实验，明确了影响平行板电容器电容的各因素。

2. 帮助学生掌握控制变量的研究方法，明白该方法是物理学研究问题的重要方法。

# 五、实验拓展及展望

1. 现有的实验器材不能保证实验过程中电容器带电量不变，需要加以改进。比如更换面积更大的金属板，或者寻找介电常量更大的物质充当介质，使平行板电容器的电容 $C$ 尽量大。

2. 可以利用现代先进的数字测量设备，将该实验改进为定量实验。例如使用可以直接测量电容的数字式电表测量电容值，以 PCB 覆铜板(印刷电路板)作为电容器，得出 $C\propto S$、$C\propto\frac{1}{d}$的定量结论。

# 六、实验理解反馈

1. 如图 5 所示为描述对给定的电容器充电时，电量 $Q$、电压 $U$、电容 $C$ 之间相互关系的图像，其中错误的是(　　)。

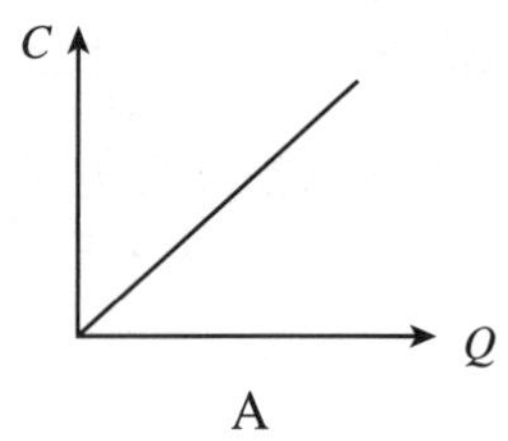


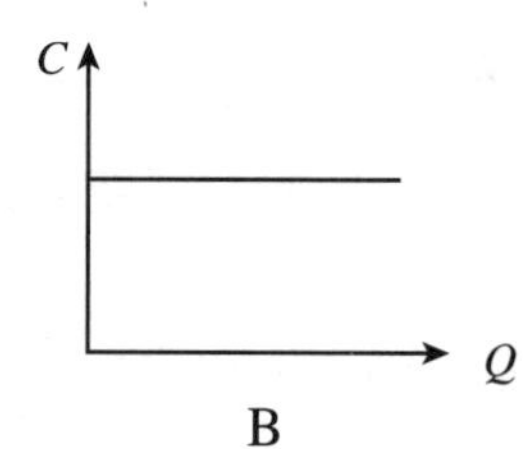


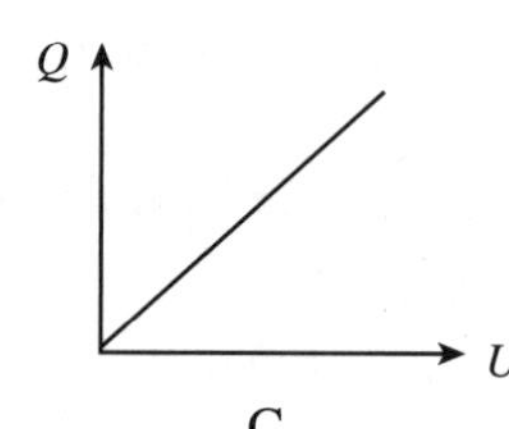


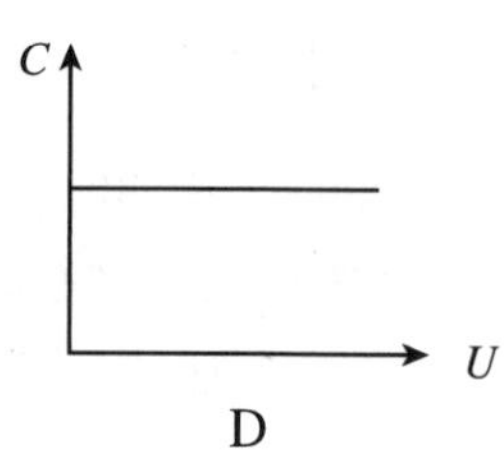


图 5

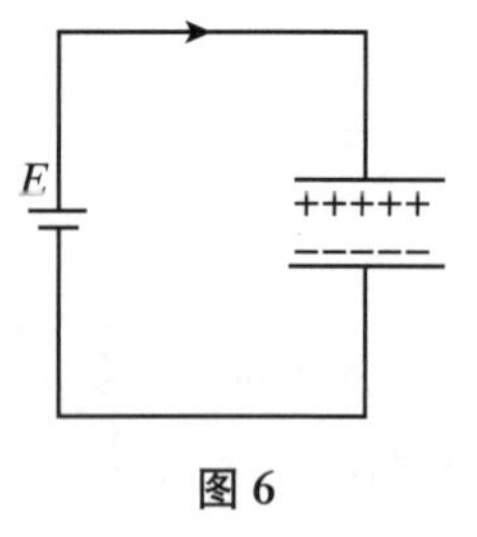


图 6

2. 如图 6 所示，平行板电容器和恒定直流电源相连，箭头表示电流方向，下列说法正确的有（　　）。

A. 电容器正在充电

B. 电容器正在放电

C. 电容器两板间距离一定正在变大

D. 电容器两板间距离可能正在变小

3. 研究与平行板电容器电容有关因素的实验，装置如图 7 所示。

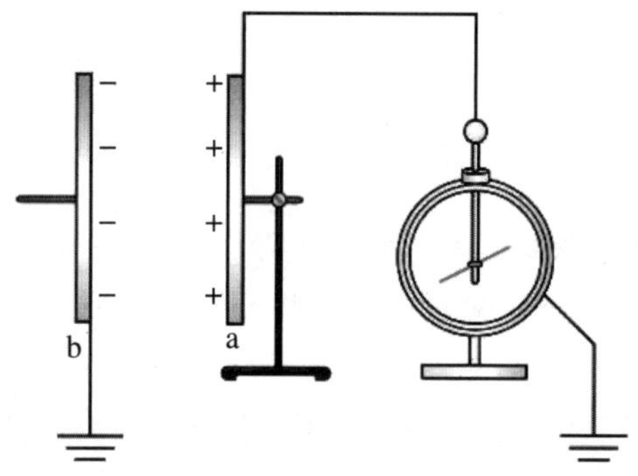


图 7

(1) 实验前，只用带电玻璃棒与电容器________板接触，能使电容器带电。

(2) 实验中保持极板电荷量 $Q$ 不变，静电计张角变小，说明平行板电容器电容________（填“变大”或“变小”）。

(3) 下列能使静电计指针张角变小的实验操作是________。

A. 只将 b 板靠近 a 板

B. 只将电容器 b 板向上平移

C. 只在极板间插入有机玻璃板

D. 只增加极板带电量

**答案**

1. A　2. AD　3. a，变大，AC

# 七、实验教学建议

## 实验教学片段

### 环节一

确定实验方案。

1．观察平行板电容器的结构，思考哪些因素可能决定了平行板电容器的电容。

学生可能会猜想：

（1）可能与平行板的面积 $S$ 有关。

（2）可能与平行板的间距 $d$ 有关。

（3）可能与板间的绝缘介质有关。

2．如何确定上述因素是否影响到电容？

教师引导学生讨论：采用控制变量法，保持其他因素不变的情况下，分别改变 $S$、$d$、绝缘介质，看是否引起电容的变化。

3．如何测量平行板电容器的电容呢？

学生可能回答：根据电容定义式 $C=\dfrac{Q}{U}$ 进行测量。

教师引导：思路是正确的，但是 $Q$ 的测量是个难点，其实我们不需要直接测得 $Q$ 的数值，只要保持 $Q$ 不变，测量两板电势差 $U$ 的变化即可以确定电容 $C$ 的变化。

4．教师介绍静电计的结构和功能。

5．教师引导学生确定实验方案：保证平行板电容器的 $Q$ 不变，将静电计与电容器相连，分别改变 $S$、$d$、绝缘电介质，通过观察静电计张角的变化，定性判断电容的变化，从而探究电容与 $S$、$d$、电介质的关系。

**设计意图**

启发学生猜想，使学生知道利用电容的定义式测量电容值 $C$。在 $Q$ 的数值不易测量的情况下，引导学生开拓思路，体会通过转换测量量进行间接研究的方法。复习控制变量法的使用。

## 环节二

实验探究过程。

6. 观看视频中的实验和动画，了解连接静电计与电容器及向电容器充电的过程。

7. 保持其他条件不变，增大 $d$，观察静电计张角 $\theta$ 的变化，实验现象说明电容 $C$ 与 $d$ 有何关系？

（静电计张角 $\theta$ 变大，说明电压 $U$ 变大，也就是 $C$ 变小，说明 $C$ 随着 $d$ 的增大而减小。）

8. 保持其他条件不变，减小 $S$，观察静电计张角 $\theta$ 的变化，实验现象说明电容 $C$ 与 $S$ 有何关系？

（静电计张角 $\theta$ 变大，说明电压 $U$ 变大，即 $C$ 变小，说明 $C$ 随着 $S$ 的减小而减小。）

9. 保持其他条件不变，改变电介质，观察静电计张角 $\theta$ 的变化，实验现象说明电容 $C$ 与电介质有何关系？

（静电计张角 $\theta$ 变化，说明 $C$ 与电介质有关。）

10. 通过定性的实验探究，你可以得到怎样的结论？

学生讨论并总结：平行板电容器的电容 $C$ 随两板间距 $d$ 的增大而减小，随两板正对面积 $S$ 的增大而增大，且与板间电介质的性质有关。

**设计意图**

通过电容器的充电过程，复习静电感应的相关知识；分析实验现象，总结电容 $C$ 与 $S$、$d$、电介质的关系。

# 实验十二　研究电动机电压与电流的关系

## 一、实验设计意图

有关电动机电压与电流关系的内容安排在《普通高中课程标准实验教科书・物理・选修 3－1》第二章“恒定电流”第四节“焦耳定律”中。2019 年版新教材将该内容调整到第十二章“电能　能量守恒定律”第一节“电路中的能量转化”中。知识结构体系有所调整，明确该节讨论电路中的能量问题，体现新教材基于学生核心素养的发展与培养。《普通高中物理课程标准(2017 年版)》对本节内容要求：理解电功、电功率及焦耳定律，能用焦耳定律解释生产生活中的电热现象。《普通高中物理课程标准(2017 年版)解读》中强调：要求学生理解电功、电功率的概念和物理含义，掌握电功和电功率的计算公式。通过实验理解焦耳定律，能用焦耳定律计算电路中的电热，能区分电功和电热，能从能量转化和守恒的角度理解非纯电阻电路中电功和电热的关系，提升学生用能量的观点来理解、解释物理现象的能力。通过分析电流热效应在生产生活中的应用，提升学生应用物理知识解决实际问题的能力。

在新教材中，以电动机电路为例，讨论了非纯电阻电路中有关能量的问题。非纯电阻电路的分析与计算历来是教学难点，形成教学难点的主要原因有以下两点：(1) 学生没有真正理解电动机电路中的能量关系，或对能量关系对应的量化关系不清楚，如为什么对电动机电路欧姆定律不能成立。(2) 初中阶段，在对纯电阻电路的分析和计算中，学生对欧姆定律和电功率公式已经相当熟练，形成了很强的思维定势，遇到非纯电阻电路这种新电路时仍不自觉地沿用旧的方式进行分析与计算，形成了很强的负迁移。如何在教学中对这些难点加以突破呢？对此，需要做好非纯电阻电路的演示实验，通过对实验现象的观察与分析，对学生的旧有错误认识“先破后立”，促进学生对电路中能量问题的理解。

# 二、实验设计内容

## (一) 设计思路

纯电阻电路的分析学生是熟悉的,当电路中除了含有电阻外还有其他的负载比如电动机,此时电路为非纯电阻电路。新教材中单独以电动机为例,详细讨论了这种电路中能量的转化问题。对学生来讲,要区分纯电阻电路与非纯电阻电路有一定难度,此处设计一个对比实验,将纯电阻电路与非纯电阻电路进行对比,学生能够直观看到实验现象的不同,在头脑中将两种电路先区分开来,认识到什么是纯电阻电路,什么是非纯电阻电路,为后面的能量分析做好准备。

学生能够区分两种电路中的能量转化,再从定量的角度进行推导,得到电路中电压、电流与电阻的定量关系,让学生从理论上明白为什么。但对于学生来讲,理论是抽象的,要进一步验证理论的正确,此处设计验证实验,证明在非纯电阻电路中 $I \neq \frac{U}{R}$。如此可以有效帮助学生突破该难点,有利于学生真正理解电路中的能量转化问题。

## (二) 实验原理

演示实验原理电路如图 1 所示,采用两节干电池作为电源,电路中电动机 M 采用自制模型电动机,磁铁和线圈能够自由组合,线圈电阻约为 2 Ω。电流表选用 0～3 A 挡,电压表选用 0～3 V 挡。当电动机 M 转动时,电路为非纯电阻电路;如果使电动机 M 停止转动,此时的电路为纯电阻电路。

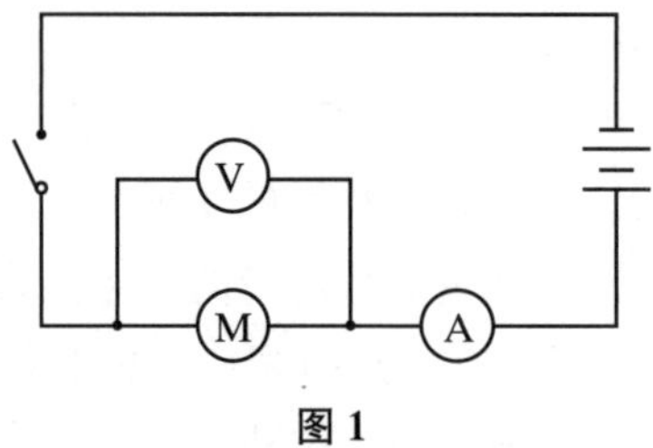


图 1

## (三) 实验器材

自制小型电动机(或者小风扇),一个电压表,一个电流表,两节 1.5 V 干电池,开关,导线若干。

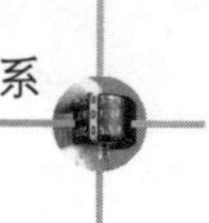

### （四）实验装置

实验装置照片如图 2 所示。

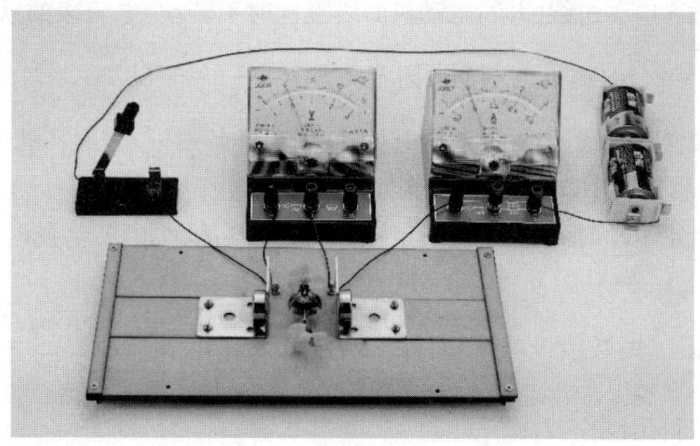

图 2

## 三、实验实施过程

### （一）实验步骤

1. 研究电动机结构，自制电动机模型，使磁铁可以自由移动，能够实现自由靠近与远离。

2. 如图 2 连接电路。

3. 先让磁铁远离电动机线圈，闭合开关，观察此时线圈转动情况及此时电流表示数 $I_1$、电压表示数 $U_1$，根据电阻的定义式 $R=\dfrac{U}{I}$ 计算出此时线圈的电阻值 $R$。

4. 让磁铁缓慢靠近线圈，观察此时线圈转动情况及此时电流表、电压表示数变化情况。

5. 固定磁铁靠近线圈的距离，待电流表、电压表示数稳定后，读出此时流过电动机的电流 $I_2$ 及电动机两端的电压值 $U_2$。

6. 依据电压 $U_2$ 的数值及线圈电阻 $R$ 的数值计算比值 $\dfrac{U_2}{R}$，与电流 $I_2$ 的数值进行比较，得出结论。

7. 让磁铁逐渐远离线圈，观察此时线圈转动情况及此时电流表、电压表示数变化情况；让磁铁回到最初远离线圈的位置，观察此时线圈转动情况及此时电流表示数 $I_3$、电压表示数 $U_3$。

## (二)实验现象分析

1. 实验现象记录:

(1) 当磁铁远离电动机线圈时,电动机的线圈此时不转动,电流表的示数 $I_1=1.30$ A,电压表的示数 $U_1=2.10$ V,此时根据电阻定义式 $R=\dfrac{U_1}{I_1}=1.62\ \Omega$。

(2) 当磁铁缓慢靠近线圈,此时线圈开始转动,磁铁越靠近,线圈转动越快;在磁铁靠近的过程中,电流表示数变小,电压表示数变大。

(3) 当磁铁稳定不动时,线圈转速稳定,电流表、电压表示数稳定,此时 $I_2=0.30$ A,$U_2=2.70$ V。

(4) 依据电压 $U_2$的数值及线圈电阻 $R$ 的数值计算比值$\dfrac{U_2}{R}=\dfrac{2.70}{1.62}=1.67$ A,与 $I_2=0.30$ A 进行比较,得出结论:$I_2<\dfrac{U_2}{R}$。

(5) 让磁铁逐渐远离线圈,线圈转动变慢,电流表示数变大,电压表示数变小,磁铁回到最初远离线圈的位置后线圈停止转动,此时电流表示数 $I_3=1.30$ A,电压表示数 $U_3=2.10$ V,与最开始示数相同。

2. 实验现象分析:

(1) 当电动机线圈不转动时,此时电路是纯电阻电路,电阻的阻值即电动机的绕线电阻。电动机获得的电能,全部转化为线圈电阻上所产生的热。设此时电动机消耗的功率为 $P_{电}$,线圈的发热功率为 $P_{热}$。根据能量转化与守恒定律,它们之间满足:

$$P_{电}=P_{热}$$

设电动机两端的电压为 $U$,通过电动机线圈的电流为 $I$,可知:

$$P_{电}=UI$$

设电动机线圈电阻为 $R$,可知:

$$P_{热}=I^2R$$

则有

$$UI=I^2R$$

由上式可得

$$U=IR$$

初中所学的纯电阻电路中电压与电流的关系,实际是电路中能量转化与守恒的表现。

(2) 当电动机正常运转时,此时属于非纯电阻电路,电动机获得的电能,一部分转化为机械能,还有一部分转化为内能。忽略摩擦消耗的能量,只考虑电动机线圈发热消耗的能量。设电动机消耗的功率为 $P_{电}$,输出的功率为 $P_{机}$,线圈的发热功率为 $P_{热}$。根据能量转化与守恒定律,它们之间满足:

$$P_{电}=P_{机}+P_{热}$$

设电动机两端的电压为 $U$，通过电动机线圈的电流为 $I$，可知：

$$P_{电} = UI$$

设电动机线圈电阻为 $R$，可知：

$$P_{热} = I^2 R$$

则有

$$UI = P_{机} + I^2 R$$

由上式可得

$$UI > I^2 R$$

即 $U > IR$，$I < \frac{U}{R}$。

由以上理论分析可知，当电动机正常运转时，不满足部分电路欧姆定律，此时它的电压 $U$ 会大于 $IR$ 的乘积或电流 $I$ 会小于$\frac{U}{R}$的比值，这是能量守恒定律的必然结果。

### （三）实验结论

根据能量转化与守恒定律，对于纯电阻电路，有

$$U = IR \quad 或 \quad I = \frac{U}{R}$$

对于非纯电阻电路，有

$$U > IR \quad 或 \quad I < \frac{U}{R}$$

### （四）注意事项

1. 电动机模型的改进与制作要保证转速稳定。
2. 实验过程中当电动机不转动时，不宜长时间通电。

## 四、实验达成的效果

通过实验，学生能够更深入地理解非纯电阻电路中有关能量转化的问题，对初中所学的欧姆定律有了进一步的认识。由浅入深，通过对实验现象的分析及理论推导解释，能够较好地帮助学生攻克这一难点。

# 五、实验拓展及展望

为了进一步理解欧姆定律在非纯电阻电路中不成立，在学习法拉第电磁感应定律后，可以进行深入探究，从反电动势的角度进一步深入理解非纯电阻电路。电风扇里面的电动机正常转动时，线圈在磁场中转动，线圈中便会产生感应电动势。由楞次定律可知，这个电动势总是削弱电源电动势的作用，我们称之为反电动势，它的作用是阻碍线圈的转动。如果要使线圈维持原来的转动，电源就要向电动机提供能量，这正是电能转化为其他形式能的过程。可以引导学生简单分析得知，无论电动机转与不转，电动机两端的电压可以认为相同(忽略电源的内阻)。当电动机正常转动时，线圈中产生的反电动势用 $E_{反}$ 表示，$U$ 表示外加电压，$R$ 表示线圈的总电阻，由欧姆定律可知电动机工作时的电流为 $I_1=\frac{U-E_{反}}{R}$，当电动机卡住时，电动机不转，此时电动机相当于一个普通电阻，有 $I_2=\frac{U}{R}$，于是有 $I_1<I_2$。

这样就能够让学生分别从多个角度认识并理解非纯电阻电路，从现象到本质，有效地突破了非纯电阻电路的教学难点。学生学起来印象深刻，负迁移得以扭转，同时在实验及分析过程中提高了学生的科学素养。

# 六、实验理解反馈

1. 如图 3 所示的电路中，电路两端的电压恒为 $U$，电动机 M 线圈电阻与电炉 L 的电阻相同，电动机正常工作，在相同的时间内，下列判断正确的是(　　)。

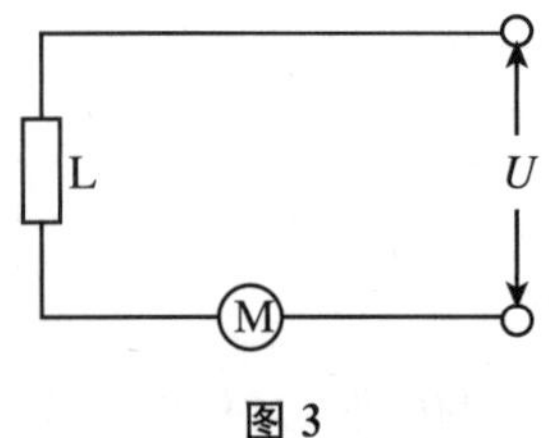

图 3

A. 电炉放出的热量与电动机放出的热量相等

B. 电炉两端电压小于电动机两端电压

C. 电炉两端电压等于电动机两端电压

D. 电动机消耗的功率等于电炉消耗的功率

2. 如图 4 所示电路，电源电动势为 $E$，内阻为 $r$。当开关 S 闭合后，小型直流电动机 M 和指示灯 L 都恰能正常工作。已知指示灯 L 的电阻为 $R_0$，额定电流为 $I$，电动机 M 的线圈电阻为 $R$，则下列说法中正确的是(　　)。

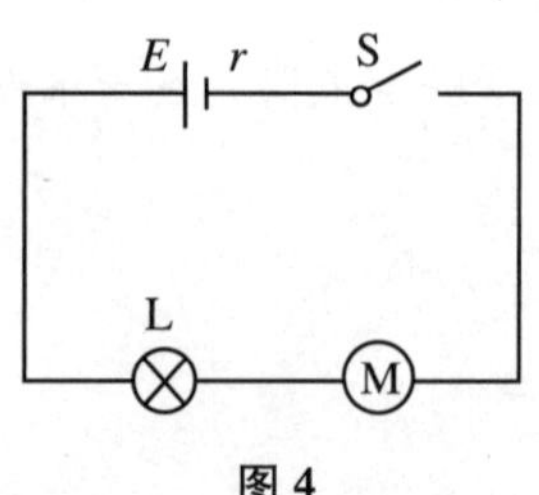

图 4

A. 电动机的额定电压为 $IR$

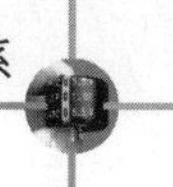

B. 电动机的输出功率为 $IE-I^2R$

C. 电源的输出功率为 $IE-I^2r$

D. 整个电路的热功率为 $I^2(R_0+R+r)$

3. 一台电动机，线圈的电阻是 0.4 Ω，当它两端所加的电压为 220 V 时，通过的电流是 5 A。这台电动机发热的功率与对外做功的功率各是多少？

**答案**

1. AB。

2. CD。

3. **分析**　本题涉及三个不同的功率，即电动机消耗的电功率 $P_{电}$、电动机发热的功率 $P_{热}$ 和对外做功转化为机械能的功率 $P_{机}$。三者之间遵从能量守恒定律，即有 $P_{电}=P_{机}+P_{热}$。

**解**　由焦耳定律可知，电动机发热的功率为

$$P_{热}=I^2R=5^2\times0.4=10\ (\mathrm{W})$$

电动机消耗的电功率为

$$P_{电}=UI=220\times5=1100\ (\mathrm{W})$$

根据能量守恒定律，电动机对外做功的功率为

$$P_{机}=P_{电}-P_{热}=1100-10=1090\ (\mathrm{W})$$

所以这台电动机发热的功率为 10 W，对外做功的功率为 1090 W。

# 七、实验教学建议

实验设计能够有效帮助我们攻克教学难点。有了好的、巧妙的实验设计，具体在教学中如何使用该实验才能最大限度地发挥其价值，在于实验教学如何有效进行。此处给出非纯电阻电路实验部分教学设计建议。

## 实验教学片断

### 环节一

引导学生回顾电阻的相关知识。

1. 观察电路器件电阻，它的结构如何？由什么制作而成呢？

（电阻实际上就是用金属丝线绕制而成的线圈。）

2. 电阻在电路中有什么作用呢？

（电阻对电流有阻碍作用，当有电流通过电阻时，电阻会生热。）

3. 当一个未知阻值的电阻与电源串联，电阻的阻值可以如何进行测量呢？

（可以用伏安法进行测量，也可以用欧姆表直接测量。）

**设计意图**

让学生明确电阻器件的结构，对电阻有一定直观的认识；回顾电阻的作用，对电阻有更为本质的认识；通过电阻测量方法的回顾，为实验操作做好准备。

## 环节二

演示实验操作。

4. 把金属丝线绕在一个铁芯上，先用欧姆表直接测量其电阻，再将其放在电路里，用伏安法测量它的电阻。我们发现在误差允许的范围内，这两种方式测得的电阻阻值是一致的。

**设计意图**

通过测量电阻方法的回顾，知道伏安法与欧姆表在测量金属丝纯电阻时的等效性。

5. 将磁铁靠近绕在铁芯上的线圈，线圈带动铁芯转动，此时发现电流表与电压表的示数发生变化，电压与电流的比值与不转动时的比值不同。这是为什么呢？发生转动改变了金属丝的电阻吗？

（通过金属丝电阻的决定式可知，金属丝的电阻由材料的电阻率、金属丝的长度及横截面积决定，是确定值，与转动与否无关。）

**设计意图**

明确电阻与转动无关，是确定值。

6. 那么转动改变了什么呢？为什么此时电压表与电流表示数的比值不等于金属丝的电阻了呢？也就是为什么此时部分电路欧姆定律不适用了？

（转动改变了电路能量的结构，在没有转动之前，电路的电能转化为电阻上生成的热。发生转动后，电路的电能一方面转化为电阻上的热，一方面转化为转动所需要的机械能。）

**设计意图**

引导学生从能量的角度思考电路问题，明确纯电阻电路与非纯电阻电路的本质区别。

## 环节三

分析推导。

7. 从电路能量的角度来定量分析这个问题，看是否符合实验中我们得出的电流与电压的关系。

(1) 当线圈不转动时，此时有

$$P_{电} = P_{热}$$

设线圈两端的电压为 $U$，通过线圈的电流为 $I$，则有

$$P_{电} = UI$$

设线圈电阻为 $R$，有

$$P_{热} = I^2 R$$

则有

$$UI = I^2 R$$

由上式可得

$$U = IR \quad 即 \quad R = \frac{U}{I}$$

(2) 当线圈转动时，有

$$P_{电} = P_{机} + P_{热}$$

其中，$P_{电} = UI$ ，$P_{热} = I^2 R$。则有

$$UI = P_{机} + I^2 R$$

由上式可得

$$UI > I^2 R$$

即 $U > IR$，$R < \frac{U}{I}$。

推导出的关系与实验结果一致，说明 $R = \frac{U}{I}$ 这种测量电阻的方法仅适用于线圈不发生转动即电能全部转化为线圈所产热这种情况中，当电路中有其他能量参与转化时，这种方法不再适用。

**设计意图**

引导学生定量分析电路能量问题，明确纯电阻电路与非纯电阻电路的本质区别，以及部分电路欧姆定律适用的情形。

# 实验十三　研究限流、分压电路中滑动变阻器的选择

## 一、实验设计意图

### (一) 课程要求

《北京市普通高中物理学科教学指导意见(2018年版)》中要求:知道滑动变阻器的工作原理;会使用基本的电学测量仪器,能在教师指导下制定实验方案,能选用实验器材进行实验,获取实验数据;会用图像处理实验数据,能分析实验中存在的误差,并能提出减小误差的方法,能撰写实验报告。

旧版教材在选修3-1第二章"恒定电流"第三节"欧姆定律"中第一次出现分压电路,包括演示实验"测量导体的电流和电压,在同一坐标系中作出两个电阻的 $U$-$I$ 图像"和学生实验"描绘小灯泡的伏安特性曲线";而2019年版新教材是在必修三第十一章"电路及其应用"第三节实验"导体电阻率的测量"的实验电路图中出现限流电路,如图1所示,虽然撤去了学生实验"描绘小灯泡的伏安特性曲线",但并没有降低对分压电路的要求,将测金属丝电阻率的实验电路改为分压电路,如图2所示。

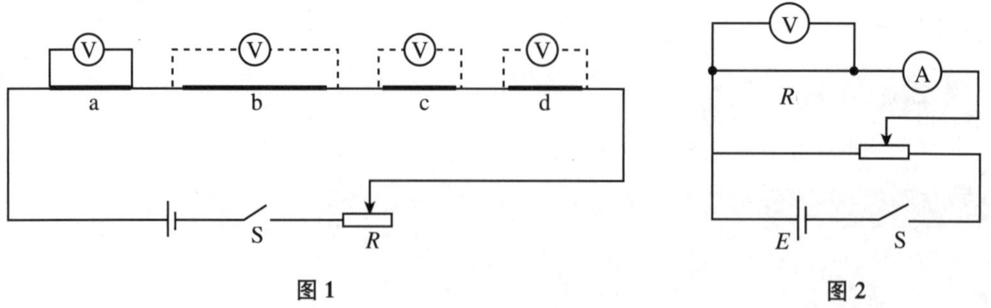


图1　　图2

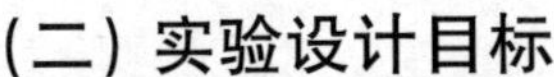

### (二) 实验设计目标

设计本实验的目的是在学生了解了为什么要使用分压电路，以及滑动变阻器在分压和限流电路中的作用有何不同的基础上，进一步提升学生电路实验的能力，学习如何在分压和限流接法中选择滑动变阻器。

这个实验设计的关键是如何让学生体会到不同规格的滑动变阻器在分压电路和限流电路中的不同效果，并且能比较直接地分析其中的原因，而不用繁琐的数学推导。

## 二、实验设计内容

### (一) 设计思路

本实验采取的方案是由直观到理论逐步深入的研究方法，首先尽可能增加现场可视性便于直接观察小灯泡的亮度，再利用半值法分析得出结论(如何选择滑动变阻器)，最后还可以通过计算机辅助数据处理，观察电压、电流随滑片移动距离的变化曲线。

### (二) 实验原理

根据串联、并联电路的电流、电压关系，滑动变阻器限流、分压连接如图 3 所示。

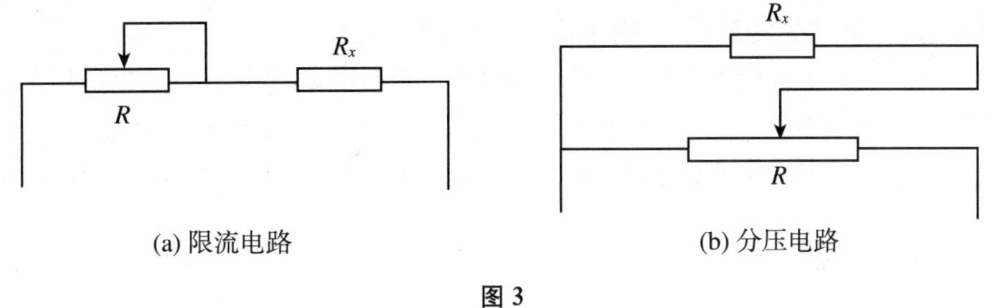


(a) 限流电路　　(b) 分压电路

图 3

### (三) 实验器材

直流电源 6～8 V，小灯泡(6.2 V，0.5 A)，不同规格的滑动变阻器(5 Ω、50 Ω、200 Ω、1750 Ω)，开关一个，导线若干。

### (四) 实验装置

实验装置照片如图 4 所示。

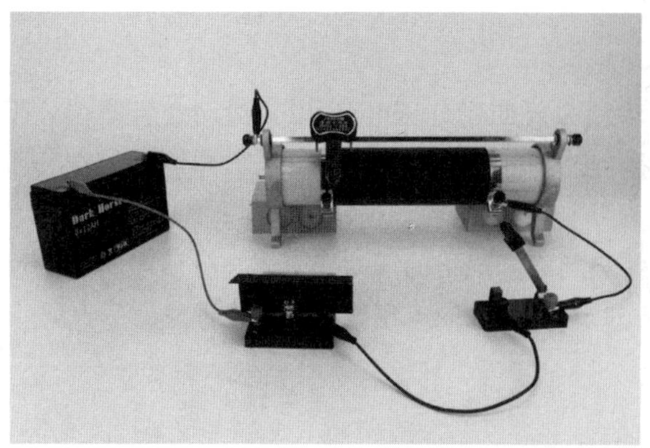
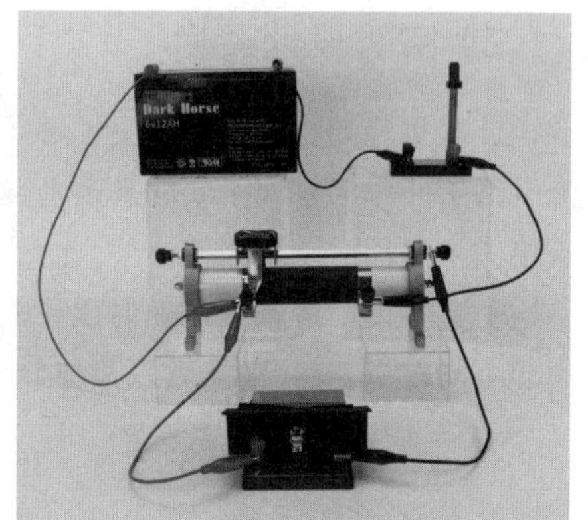

图 4

# 三、实验实施过程

## (一) 实验步骤

1. 依据电路图连接电路,在适当位置适当角度架设摄像头投屏,检查直流电源输出。

2. 限流接法:均匀移动滑动端,使滑动变阻器接入电路部分电阻丝从最大逐渐减小,直接观察小灯泡亮度变化;断开开关,将滑动端移回初始位置。依次更换变阻器 5 Ω、50 Ω、200 Ω 重复实验,并指导学生注意观察,简单描述,做好现象记录。

3. 分压接法:均匀移动滑动端,使滑动变阻器与负载并联部分电阻丝逐渐增加,即输出电压由零逐渐增大,直接观察小灯泡亮度变化;断开开关,将滑动端移回初始位置。依次更换变阻器 5 Ω、50 Ω、200 Ω 重复实验,并指导学生注意观察,简单描述,做好现象记录。

## (二) 数据分析

负载电阻 12 Ω、50 Ω,滑动变阻器 5 Ω、50 Ω、200 Ω。

1. 半值法定性分析。

(1) 当 $R_x = 12\ \Omega$ 时,分别使用规格为 5 Ω、50 Ω、200 Ω 的滑动变阻器连接限流电路,如图 5 所示。利用半值分析法作出电流随滑动端移动比例的关系图线,如图 6 所示。

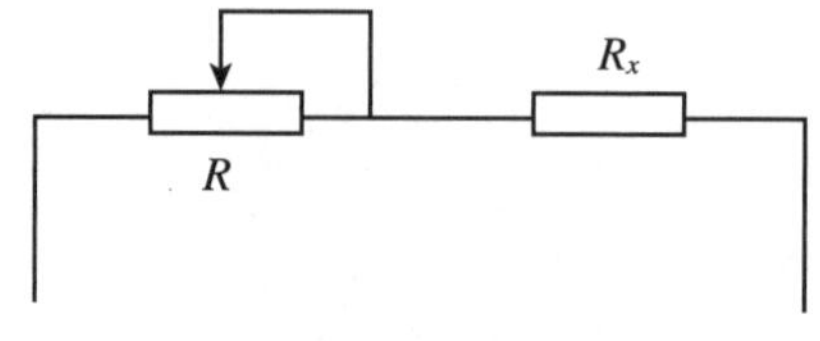


图 5

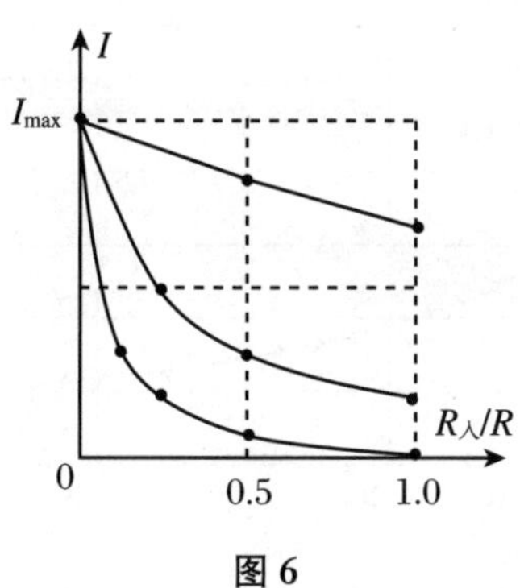


图 6

分析可得，滑动变阻器总阻值比负载电阻小或相近，图线线性较好，即电流随滑动端移动比例均匀变化，但可变化范围较小；而随滑动变阻器总阻值增大，虽然变化范围增大，但图线非线性明显，不便于调节。

(2) 当 $R_x = 50\ \Omega$ 时，分别使用规格为 5 Ω、50 Ω、200 Ω、1750 Ω 的滑动变阻器连接分压电路，如图 7 所示。利用半值分析法作出输出电压随滑动端移动比例的关系图线，如图 8 所示。

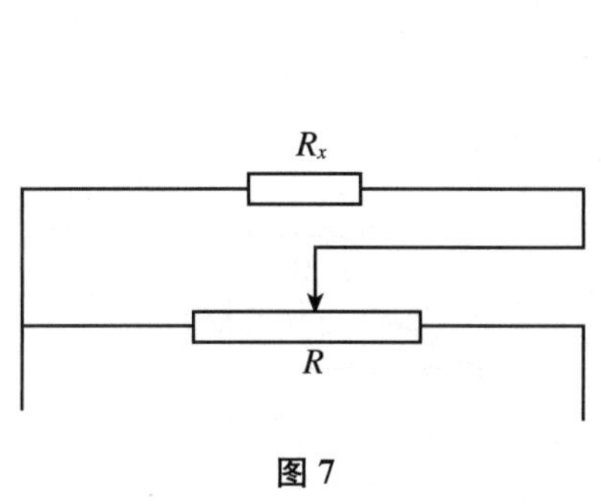


图 7

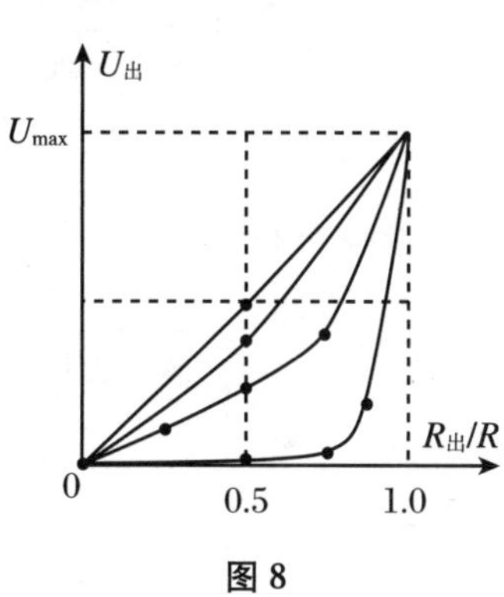


图 8

分析可得，滑动变阻器总阻值比负载电阻小或相近，图线线性较好；而随滑动变阻器总阻值增大，图线非线性明显，不便于调节。

2. 利用计算机软件 Excel 设置数学公式，分别作出限流、分压接法电流或电压随滑动端移动电阻丝占全长百分比的变化情况。

(1) 限流接法分析如图 9 所示。

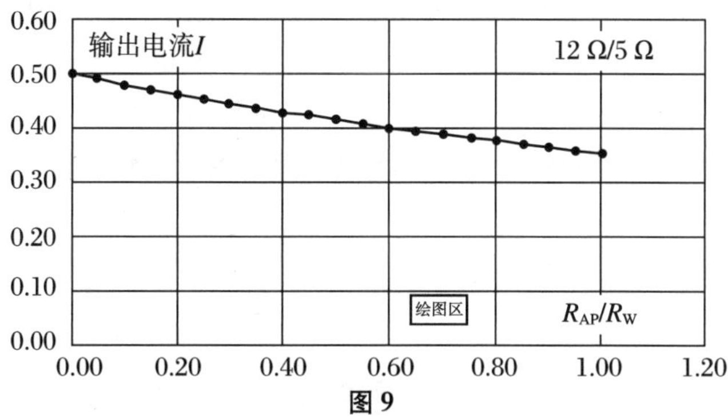


图 9

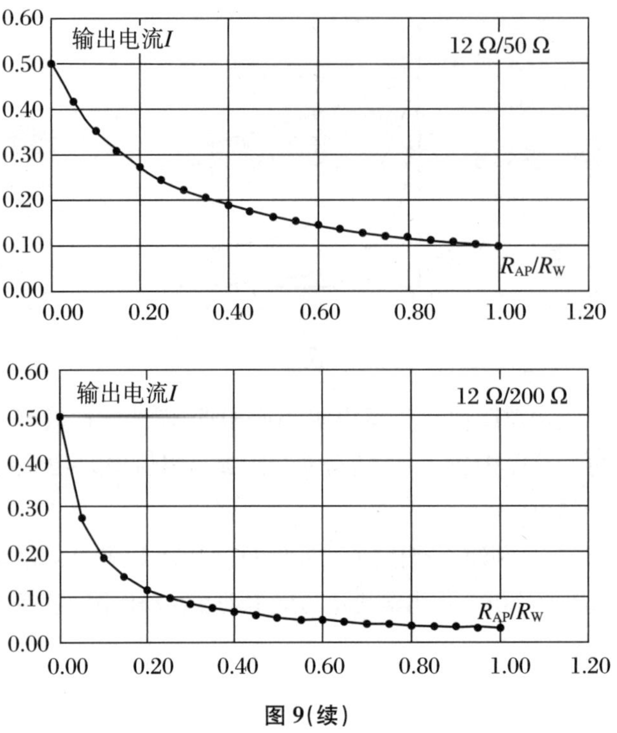


图 9(续)

(2) 分压接法分析如图 10 所示。

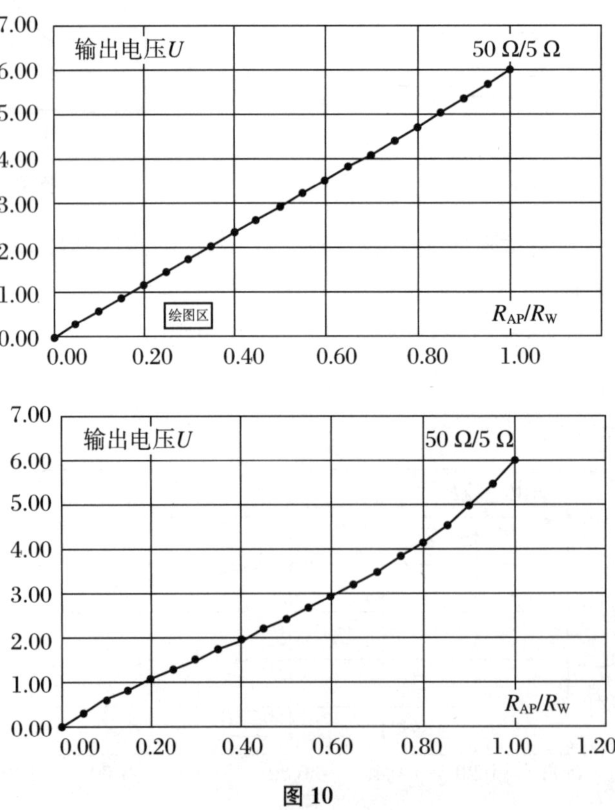


图 10

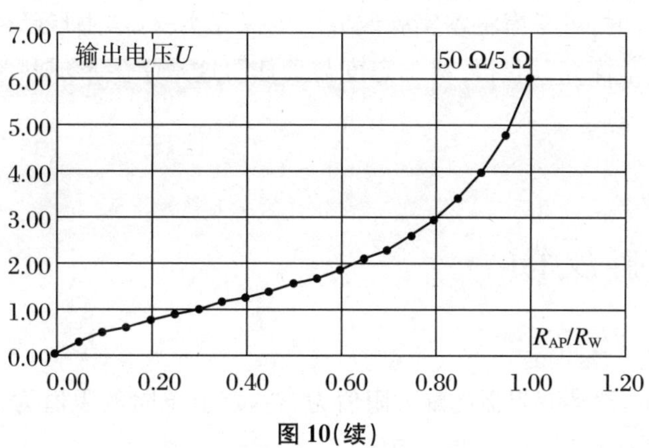


图 10(续)

### (三) 实验结论

1. 限流接法：

适当增大变阻器总电阻，可增大电阻 $R$ 两端电压(电流)的调节范围。

一般变阻器总阻值是负载电阻的 2～5 倍时，电流、电压控制作用显著，既便于调节，用电器两端电压变化范围又比较大。

2. 分压接法：

滑动变阻器总阻值适当小一些，便于调节用电器两端电压。

一般选用变阻器的全电阻小于用电器的电阻，取 0.1～0.5 倍之间。

# 四、实验达成的效果

本探究实验，达到了预期的效果：

1. 学生通过观察、半值法和图像法多角度、多层次地认识了限流电路与分压电路对电路的控制和调节作用。

2. 学生在理解的基础上掌握了在限流、分压电路中如何选择滑动变阻器的规格。

3. 学会使用半值法进行分析。

# 五、实验拓展及展望

本实验所有学校都能在课堂实现演示，但看十遍不如动手做一次，所以特别希望当实验条件和教学课时允许时，可考虑将本实验改成学生探究实验，学生自己经历探究过程，更强调学生自主进行“科学探究”、获得“科学态度与责任”，这是学生形成科学思维、培养学科素养的关键。

# 六、实验理解反馈

1. 如图11所示，滑动变阻器的最大阻值为 $R_1$，定值电阻的阻值为 $R_2$，$A$、$B$ 两端的电压恒定为 $U$，$R_2$ 两端的电压用 $U_2$ 表示，则(　　)。

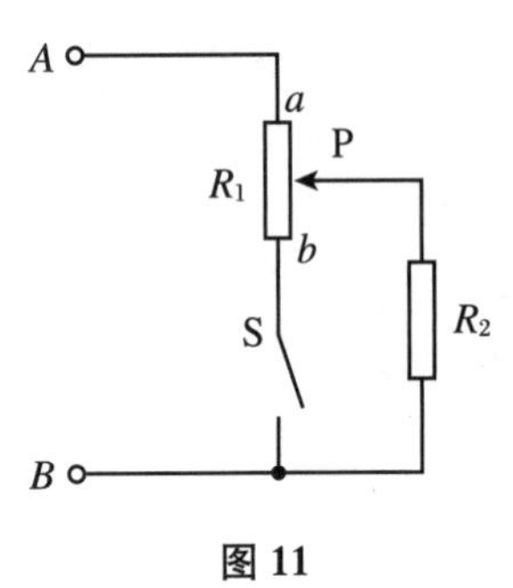

图 11

A. 开关S断开时，滑片P从 $a$ 移动到 $b$，$U_2$ 从0变化到 $U$

B. 开关S闭合时，滑片P从 $a$ 移动到 $b$，$U_2$ 从0变化到 $U$

C. 若 $R_1$ 比 $R_2$ 小很多，开关S断开时，滑片P从 $a$ 移动到 $b$，$U_2$ 的改变量远小于 $U$

D. 若 $R_1$ 比 $R_2$ 小很多，开关S闭合时，滑片P从 $a$ 移动到 $b$，$U_2$ 的改变量远小于 $U$

2. 位移传感器的工作原理如图12所示，物体M在导轨上平移时，带动滑动变阻器的滑片P滑动，通过理想电压表的数据来反映位移 $x$ 的大小，则(　　)。

A. M不动时，电路中没有电流

B. M不动时，电压表没有示数

C. M运动时，电源内的电流会发生变化

D. M运动时，电压表的示数会发生变化

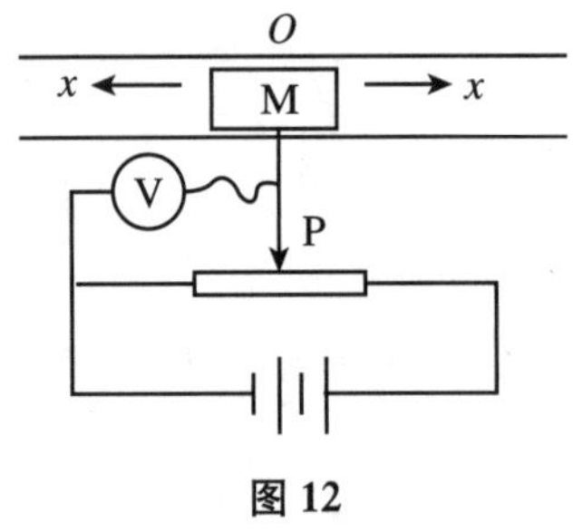

图 12

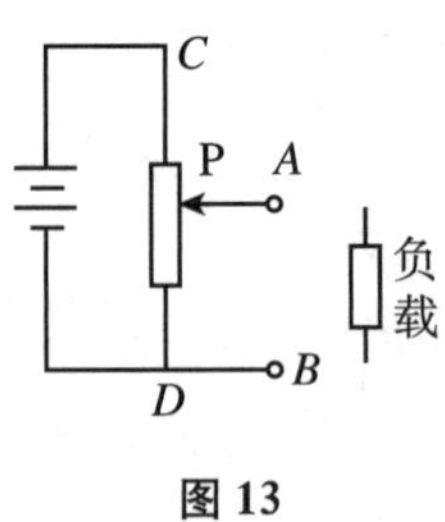

图 13

3. 如图13所示，滑动变阻器作为分压元件连入电路，$A$、$B$ 为分压器的输出端，若把变阻器的滑片放在变阻器中央，下列判断正确的是(　　)。

A. 空载时输出电压为 $U_{AB}=U_{CD}/2$

B. 当接上负载 $R$ 时，输出电压 $U_{AB}<U_{CD}/2$

C. 负载 $R$ 越大，$U_{AB}$ 越接近 $U_{CD}/2$

D. 负载 $R$ 越小，$U_{AB}$ 越接近 $U_{CD}/2$

4. 通过实验测量金属丝的电阻率。

(1) 用螺旋测微器测量金属丝的直径，某次测量示数如图 14(a)所示，可得金属丝直径的测量值 $d=$________mm。

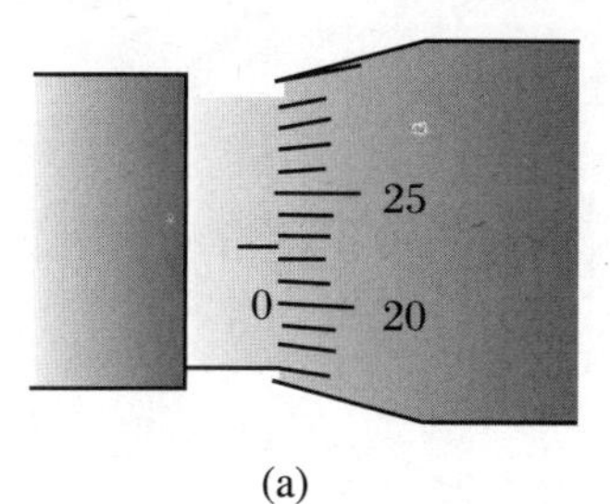


(a)

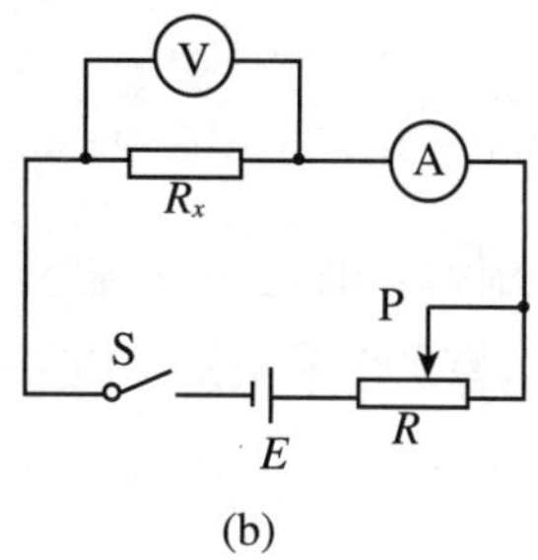


(b)

图 14

(2) 按图 14(b)所示的电路测量金属丝的电阻 $R_x$(阻值约为 5 Ω)。实验中除开关、若干导线之外还提供了下列器材：

| 器材(代号) | 规格 |
|---|---|
| 电压表($V_1$) | 量程 0～3 V，内阻约 3 kΩ |
| 电压表($V_2$) | 量程 0～15 V，内阻约 15 kΩ |
| 电流表($A_1$) | 量程 0～3 A，内阻约 0.01 Ω |
| 电流表($A_2$) | 量程 0～0.6 A，内阻约 0.1 Ω |
| 滑动变阻器($R_1$) | 总阻值约 20 Ω |
| 滑动变阻器($R_2$) | 总阻值约 500 Ω |
| 电源($E$) | 电动势约为 3.0 V |

从以上器材中选择合适的器材进行测量，电压表应选________，电流表应选________，滑动变阻器应选________。(填器材代号)

(3) 若通过测量获得金属丝的长度 $l$、直径 $d$、电阻 $R_x$，由此可计算得出金属丝的电阻率 $\rho=$________。

(4) 如果将器材中的滑动变阻器 $R_1$、$R_2$ 分别接入图 14(b)所示的电路中，调节滑动变阻器滑片 P 的位置，以 $R$ 表示滑动变阻器可接入电路的最大阻值，以 $R_P$ 表示滑动变阻器接入电路的电阻值，以 $U$ 表示 $R_x$ 两端的电压值。在图 15 所示的两条曲线中，表示接入 $R_1$ 时的 $U$ 随 $\frac{R_P}{R}$ 变化的图像是________(选填 $a$

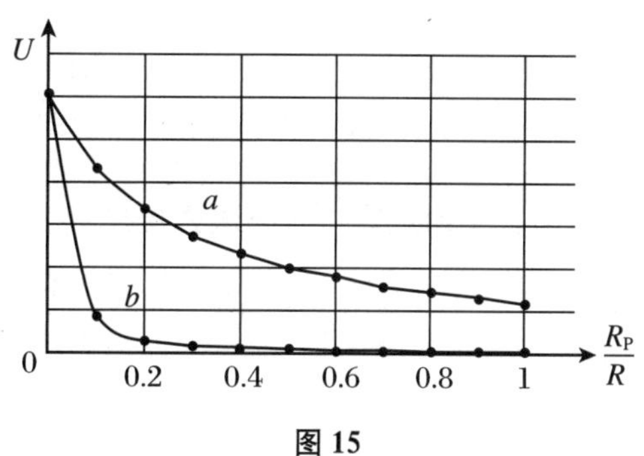


图 15

或 $b$)，并根据图像回答，本实验选择滑动变阻器 $R_1$ 或 $R_2$ 进行实验的理由。

**答案**

1. C。

2. D。

3. ABC。

4. (1) 0.233(±0.01)。 (2) $V_1$，$A_2$，$R_1$。 (3) $\frac{\pi d^2 R_x}{4l}$。

(4) $a$。由图像可知，选用 $R_1$ 进行实验时，$R_x$ 的电压可以随滑动变阻器滑片的移动距离接近均匀变化，有利于采集到多组数据。

# 七、实验教学建议

本实验是2019年版新教材必修三第十一章“电路及其应用”中的拓展性实验，目的是进一步提升学生电路实验的能力，学习如何在分压和限流接法中选择滑动变阻器，引导学生经历观察、对比、分析最终得出结论的科学研究过程，认识到实验要考虑目的、科学、便捷、准确等多种因素，是综合的，以培养学生的思维能力和动手能力。

## 实验教学片断

前面学习了电路中滑动变阻器的限流和分压两种连接方法，了解了这两种接法的区别，它们在控制电路中各有优势，也有需要注意的问题，应根据研究问题的需要，适当选择限流或分压接法，同时在实际应用中，适当地选择滑动变阻器的规格，可以更好地发挥两种连接方法的优势。本实验的目的就是通过实验直接观察不同滑动变阻器对电路的控制，看看选择什么规格的滑动变阻器调节方便。

(本节重点)观察实验，学生分析判断限流和分压电路中滑动变阻器的选择。

**第一组实验观察——限流式接法**

1. 选用规格为(6.2 V，0.5 A)的小灯泡，使用200 Ω滑动变阻器，按图16所示连接限流电路，检查滑动变阻器，滑片初始放在电阻接入最大值位置。

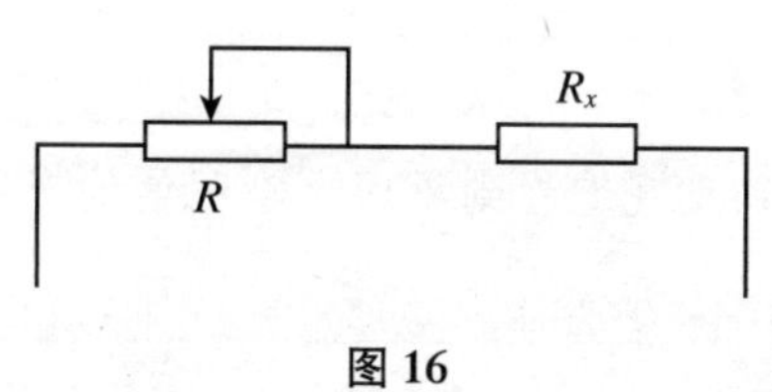


图 16

2. 将滑片从接入阻值最大一端均匀地滑到阻值最小一端。

演示实验操作：在摄像头投屏的状态下操作两次。第一次指导学生注意观察小灯泡亮度的变化，第二次提醒学生注意观察小灯泡灯丝亮起时滑片所在位置。

教师提问：同学们能描述一下观察到的现象吗？

学生描述：可以调节电路，但在滑片开始滑动的很长一段过程中，灯丝都没有亮，直到最后约六分之一灯丝才亮起，并很快达到最亮，感觉前面都没有用，有效的滑动调节过程很短，采集数据不方便。

3. 换用不同规格的滑动变阻器来控制调节电路，看看情况会不会有所改变。

演示实验操作：依次使用 50 Ω、5 Ω 的滑动变阻器，重复实验过程。指导学生注意观察小灯泡亮度的变化和小灯泡灯丝亮起时滑片所在位置。

教师提问：使用不同规格的滑动变阻器，灯泡亮度变化情况有什么不同吗？

学生描述：

(1) 使用 50 Ω 滑动变阻器感觉好多了，滑片滑动到约三分之一位置灯丝就开始发亮，后三分之二过程中，灯丝逐渐变亮，直到最亮。

(2) 使用 5 Ω 滑动变阻器时，电路开关一闭合灯丝就发光了，滑动的全过程中，灯丝亮度虽然有变化，但不明显。

4. 小组讨论：根据刚才的观察，限流电路中如何选择使用滑动变阻器更便于控制调节电路？都需要考虑哪些方面？

学生回答：对于限流电路，滑动变阻器规格不能选择太大的，也不能太小。

教师提问：你是根据什么判断的？

学生回答：考虑灯丝亮度变化要明显，另外滑动变阻器调节有效的部分不能集中在一小段，调节起来不好控制。

教师提问：其他同学的结论和他一样吗？还有没有需要考虑的因素？

学生回答：还要考虑使用灯泡的灯丝电阻大小。相对用电器的电阻，变阻器全值电阻的大小要不能太大也不能太小。

教师总结：同学们讨论总结得非常好，考虑到了用电器大小。实际灯丝电阻受温度影响较大，这里我们可以估算(6.2 V,0.5 A)小灯泡的电阻大约为 12 Ω，用 50 Ω 的变阻器来调节电路比较合适。

**设计意图**

通过对比观察,学生可以直观地看到不同大小阻值的变阻器对限流电路的影响,培养学生细致的观察能力。

**第二组实验观察——分压式接法**

5. 下面我们来研究分压式接法的电路中滑动变阻器要选用什么样的。首先我们一起复习分压式电路的连接,如图17所示。

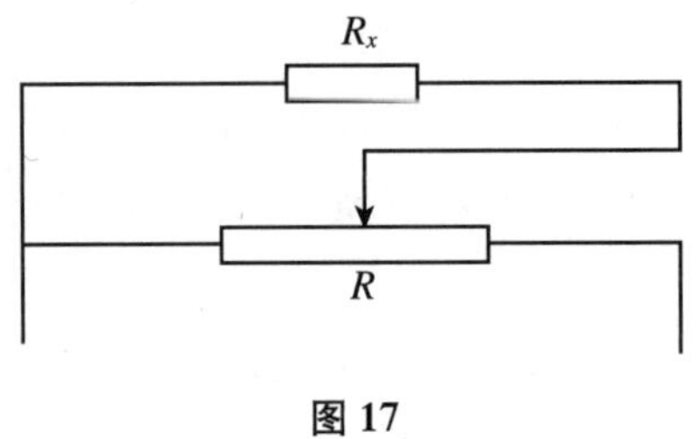


图 17

演示实验操作(在摄像头投屏下操作):仍然使用规格为(6.2 V,0.5 A)的小灯泡,200 Ω滑动变阻器,按图2所示连接分压电路,从电源开始将导线逐根连接好,检查滑动变阻器,滑片初始放在输出电压为零的位置。

6. 将滑片从输出电压为零一端均匀滑到输出电压最大一端。提醒学生注意观察小灯泡亮度的变化以及小灯泡灯丝亮起时滑片所在位置,并简单记录观察到的现象。

7. 依次换用50 Ω、5 Ω的滑动变阻器,重复上述实验过程。

教师提问:大家能分别描述一下三种规格的滑动变阻器对分压电路的调节控制作用吗?

学生描述①:分压电路使用200 Ω滑动变阻器时,滑片滑动很长一段距离灯丝都没有亮,也就是输出的电压一直没有达到灯丝发亮的数值;直到大约最后八分之一阶段,灯丝才亮起,随即迅速达到最亮。我认为不好。

学生描述②:分压电路使用50 Ω滑动变阻器时,滑动端划过大约三分之二时灯丝发光,然后逐渐变亮,情况比使用200 Ω稍好一些,但电阻丝有效的调节还是过短。

学生描述③:分压电路使用5 Ω滑动变阻器时,滑动端划过约三分之一时灯丝就开始发光,然后逐渐变亮,我认为对于灯丝电阻约为12 Ω的小灯泡,选择5 Ω的滑动变阻器连接分压电路最合适。

教师提问:对于分压电路,选用什么样的滑动变阻器比较好?

学生回答:因为无论选择多大规格的变阻器,都可以将小灯泡两端的电压由零调节到最大,又根据刚才的实验现象,我认为选择比用电器电阻小的变阻器更好。

8. 小组讨论:分压电路中如何选择滑动变阻器?请进一步分析其中的原因。

学生阐述:我认为分压电路应选择比用电器电阻小的。分压电路其实是用电器电阻与

部分变压器电阻并联以后再与剩余部分电阻分压，而并联电路的等效电阻由小电阻决定，所以选择较小的变阻器更利于调节。

**设计意图**

观察分析判断分压电路中如何选择变阻器，并分析内在原因，引导学生不要简单地停留在现象表面，培养学生深入分析的思维习惯。

## 环节二

引导学生利用半值法定性分析，确定选择方法。

9．通过前面的观察与分析，同学们自己得到了结论，限流电路选择相对用电器不太大也不过小的变阻器，而分压电路则选择比较小的变阻器更好。

教师提问：大家想到了要根据用电器的电阻考虑，但大或小到什么程度？比如分压电路是不是选择的变阻器阻值越小越好？

10．我们采取利用半值法估算描点的方法。

（与学生一起估算描点连线，见前面的数据分析与结论，此处略。）

11．结合实验现象与半值法得到的图线，引导学生分析得出结论。

(1) 限流接法：适当增大变阻器总电阻，可增大电阻 $R$ 两端电压（电流）的调节范围；一般变阻器总阻值为负载电阻的 2～5 倍时，电流、电压控制作用显著，既便于调节，用电器两端电压变化范围又比较大。如图 18 所示。

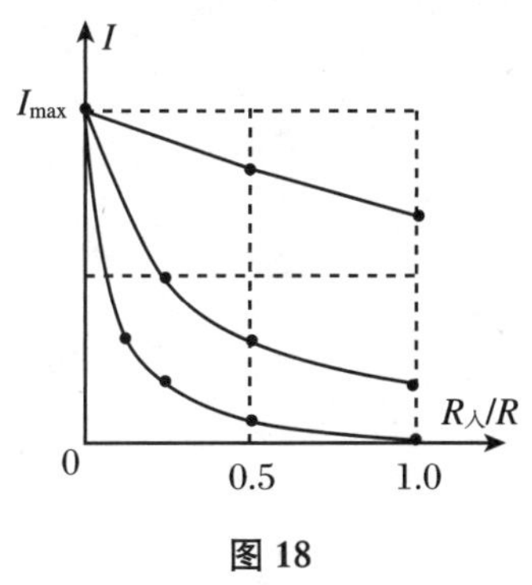


**图 18**

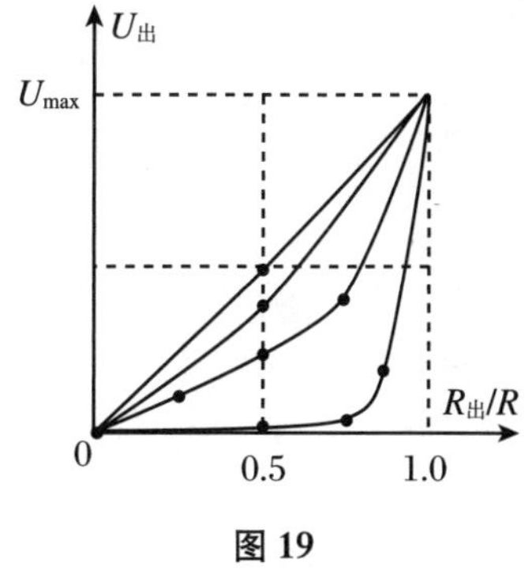


**图 19**

(2) 分压接法：滑动变阻器总阻值适当小一些，便于调节用电器两端电压；一般选用变阻器的全电阻小于用电器的电阻，取 0.1～0.5 倍之间。如图 19 所示。

**设计意图**

避免繁琐的串、并联电路公式计算，学习半值法，便捷直观；培养学生实验能力以及多角度分析问题的能力。

## 环节三

实验拓展(选做)。

根据课堂学生分析讨论情况和实践情况,可以增加数据处理软件辅助,通过更多数据验证结论。

# 实验十四　观察灯泡亮度随并联小灯泡个数的变化情况

## 一、实验设计意图

“观察并联小灯泡个数与灯泡亮度的关系”实验，是2019年版新教材第十二章“电能 能量守恒”第二节“闭合电路欧姆定律”的引入实验，如图1所示。

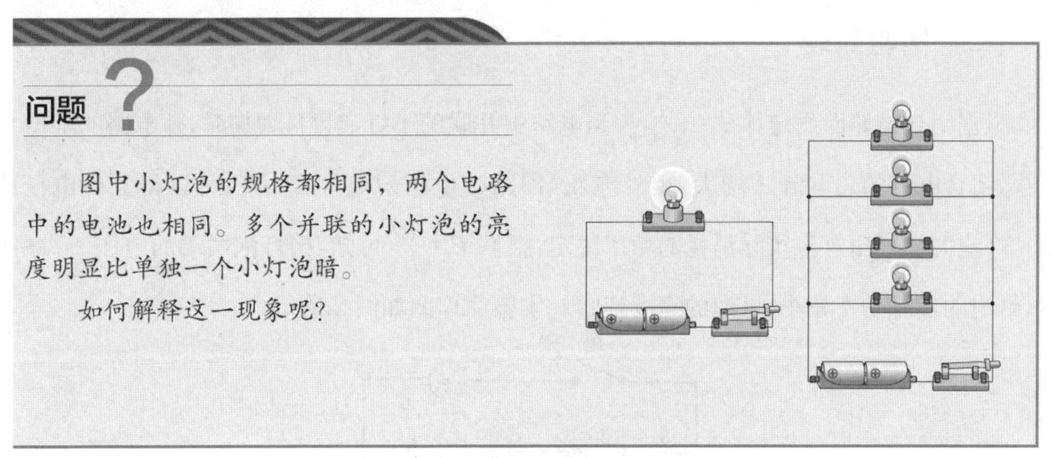


**图1　教材87页演示实验**

学生在初中阶段已学习过欧姆定律，一般是针对部分电路进行研究的，或者电路中含有电源，但是电源的内电阻忽略不计。由于学生在初中阶段物理知识的局限，并不了解真实的电源有内电阻这一事实。由于电源存在内电阻，外电路电阻的阻值发生变化时会引起整个闭合电路的电源两端的电压发生变化，从而使得小灯泡的亮度发生变化。该实验现象会引发学生的认知冲突，即引起学生已知与未知之间的冲突，也能更好地搭建起已知与未知之间的桥梁；同时，可以激发学生的学习兴趣，并探究现象本源的愿望。所以，做好本实验，对学生更好地学习“闭合电路欧姆定律”这一节内容有着积极的作用。

《北京市普通高中物理学科教学指导意见(2018 年版)》中强调:本模块内容与学生生活、现代科技密切相关,教师要充分利用多种教学资源,努力创设学生感兴趣、能激发探究欲望的问题情境。该实验较好地实现了"教学指导意见"对教学的指导要求。

# 二、实验设计内容

## (一) 设计思路

此实验是演示实验,在设计此实验时,一方面考虑实验的可视性,同时又便于操作,将此实验改进做成示教板,以便演示时操作及观察。另一方面是对教材中的实验进行了改进,增强了实验的效果,即在每一个灯泡所在的支路加一个开关,在实验的过程中,使得小灯泡逐一并联到电路中,每并联一个灯泡,电路中已亮小灯泡的亮度会逐渐变暗,静态对比,能够看出变化情况,实验现象非常明显;同时,将小灯泡逐个并联接入电路,可以更好地模拟晚上千家万户点亮灯的情境,有助于学生应用所学的知识解决生活中的实际问题。

## (二) 实验原理

根据闭合电路欧姆定律 $I=\frac{E}{R+r}$,当电路中并联的小灯泡数目增加时,外电路的阻值 $R$ 减小,闭合电路的总电流 $I$ 增大,由外电压(即路端电压)$U_{外}=E-Ir$,可以得到外电压减小。灯泡的亮度由灯泡实际消耗的功率决定,根据 $P=\frac{U^2}{R_L}$ 可知,当灯泡两端的电压 $U_L$ 减小时,灯泡的实际功率减小,灯泡的亮度变暗。实验原理图如图 2 所示。

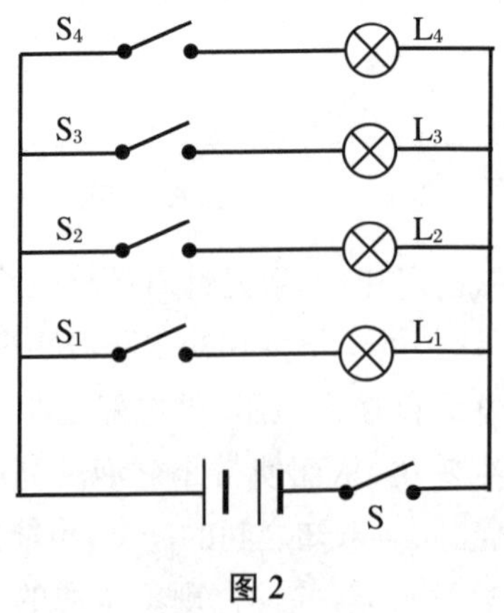

图 2

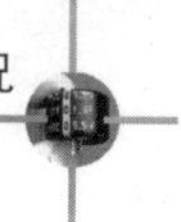

### (三) 实验器材

电源:铅酸蓄电池(6 V,12 AH);小灯泡:(3.8 V,0.3 A)的小灯泡 4 个;开关:4 个;导线若干;数字多用电表 1 台。

### (四) 实验装置

实验装置照片如图 3 所示。

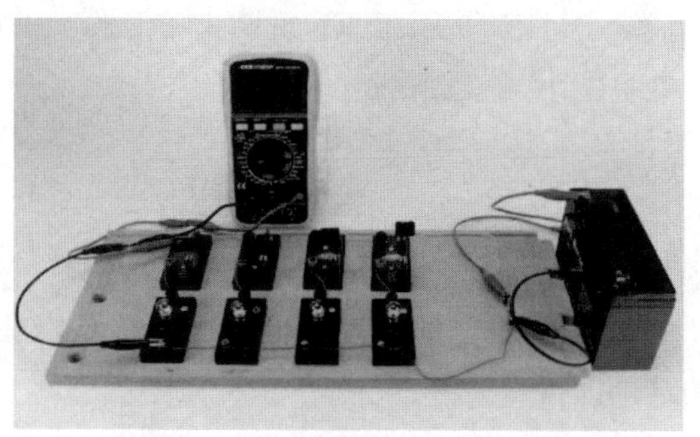

图 3

## 三、实验实施过程

### (一) 实验步骤

1. 连接电路:开关断开,根据电路原理图,连接好实物电路。

2. 闭合开关 S 和 $S_1$,多用电表的量程选择直流 20 V 挡,将红、黑两个表笔分别接电源的正、负两极,读出多用电表显示的电压值 $U_1$。

3. 闭合开关 $S_2$,将多用电表的红、黑两个表笔分别接在电源的正、负两极,读出多用电表此时显示的电压值 $U_2$。

4. 重复上述步骤,依次闭合开关 $S_3$、$S_4$,将多用电表的红、黑两个表笔分别接在电源的正、负两极,读出多用电表相应显示的电压值 $U_3$、$U_4$。

5. 将测量得到的电压值填入数据表格,分析电压的变化规律。

| 实验操作 | 闭合 $S_1$ | 闭合 $S_2$ | 闭合 $S_3$ | 闭合 $S_4$ |
|---|---|---|---|---|
| 路端电压 $U$/V | 5.34 | 4.42 | 3.75 | 3.23 |

### (二) 数据分析

分析表格记录数据,可以判断,并联的小灯泡越多,小灯泡的亮度越暗。

这是因为并联的灯泡越多,外电阻越小,干路电流越大,电源内部电压越大,路端电压越小,灯泡两端电压减小,灯泡功率减小,灯泡变暗。

### (三) 实验结论

随着并联的小灯泡增多,小灯泡的亮度变暗,说明小灯泡两端的电压减小。即随着并联的小灯泡增多,外电路的电阻减小,随之路端电压减小。

### (四) 误差分析

1. 读取多用电表电压数值时会产生误差。

2. 本实验是一个定性实验,学生能够定性地根据实验结果,判断得出随着并联的小灯泡增加,路端电压减小的结论即可。

### (五) 注意事项

1. 实验过程中,多用电表的量程选择直流 20 V 挡。

2. 如用指针表,读数时视线要与刻度盘垂直,力求读数准确。

## 四、实验达成的效果

1. 本演示实验的实验现象,与学生已有的认知产生了冲突,能够有效激发学生探求未知的愿望,达到实验以及教学的预期效果。

2. 通过本演示实验,可以有效帮助学生深入分析并理解电路中路端电压变化的根本原因。

## 五、实验拓展及展望

1. 本实验也可做进一步改进,用作学生的分组探究实验,不仅能够有效培养学生的实验操作能力,还能够进一步发展学生的科学探究能力和科学思维。

2. 基于学生初中所学的串、并联电路的知识,可以让学生根据电路原理图自己动手实

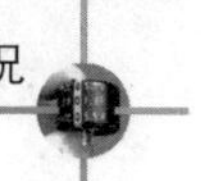

践组装电路，能够进一步调动学生的积极性、主动性，增强学生自主探究的体验，有效发展学生科学探究核心素养。

# 六、实验理解反馈

1. 探究讨论：探究小灯泡变暗的原因。请结合图 4 分析说明实验现象：并联的小灯泡越多，小灯泡的亮度越暗。

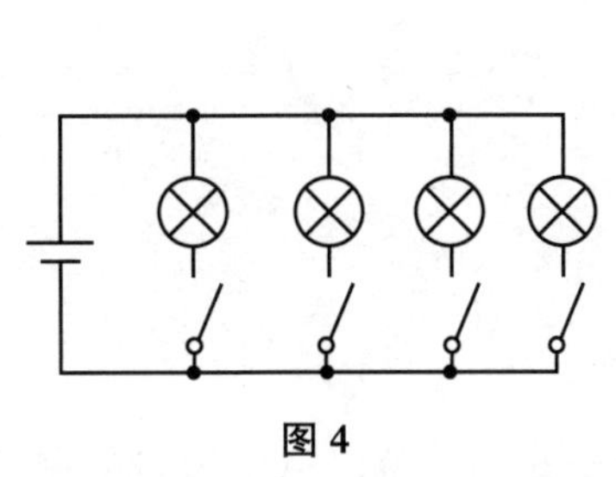

图 4

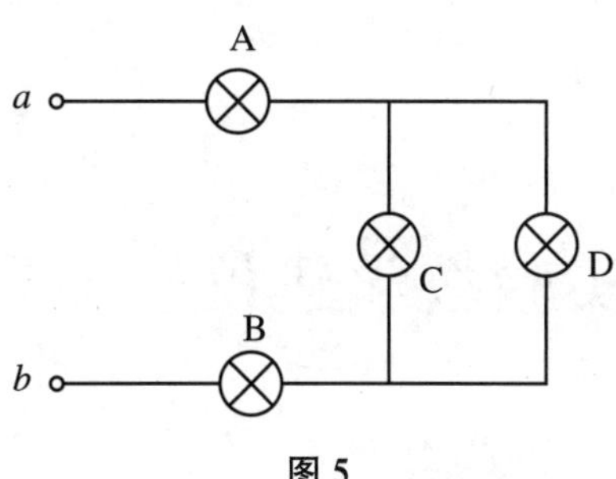


图 5

2. 在如图 5 所示电路中，各灯额定电压和额定功率分别是：A 灯(10 V，10 W)，B 灯(60 V，60 W)，C 灯(40 V，40 W)，D 灯(20 V，20 W)。在 $a$、$b$ 两端加上电压后，四个灯都能发光。比较各灯消耗功率大小，正确的是(　　)。

A. $P_B>P_D>P_A>P_C$　　B. $P_B>P_A>P_D>P_C$

C. $P_B>P_D>P_C>P_A$　　D. $P_A>P_C>P_D>P_B$

3. 在如图 6 所示电路中，电源内电阻不能忽略。闭合开关 $K_1$ 时，灯泡 A 发光。当再闭合开关 $K_2$ 时，关于灯泡 A 的亮度及电压表示数，以下说法中正确的是(　　)。

A. A 灯亮度不变，电压表示数不变　　B. A 灯变亮，电压表示数不变

C. A 灯变暗，电压表示数不变　　D. A 灯变暗，电压表示数减小

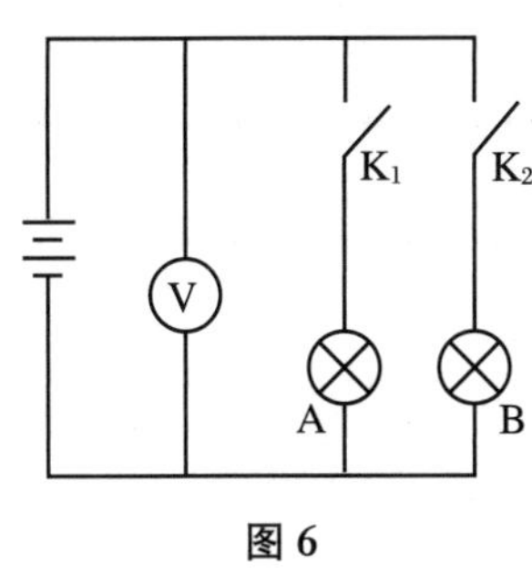


图 6

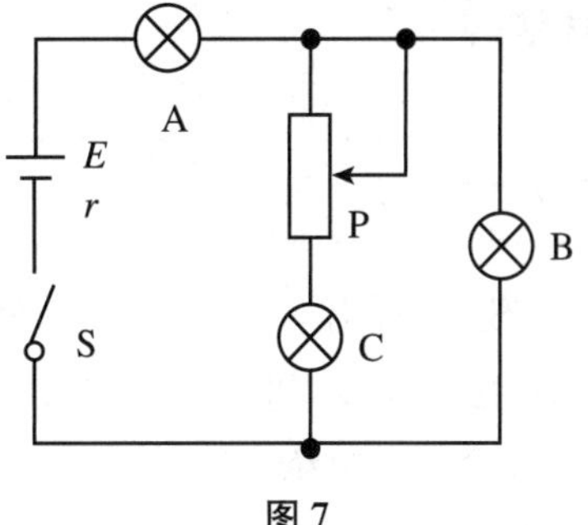


图 7

4. 在如图 7 所示电路中，当滑动变阻器滑片 P 向下移动时，则(　　)。

A. A 灯变亮、B 灯变亮、C 灯变亮　　B. A 灯变亮、B 灯变亮、C 灯变暗

C. A灯变亮、B灯变暗、C灯变暗　　　　D. A灯变亮、B灯变暗、C灯变亮

**答案**

1. 对如图4电路，根据并联电路各支路电阻及总电阻的关系可知，并联的小灯泡越多，并联后的外电路总电阻越小，由此可知整个闭合回路的电流越大。由于电源有内电阻，当通过的电流越大时，电源的内电压越大，由于电源电动势大小不变，则外电压越小。根据 $P=\frac{U^2}{R}$ 可知，对小灯泡而言，随两端电压的减小，其实际消耗的功率也会减小，实验表现即为小灯泡越暗。

2. B。

3. D。

4. D。

# 七、实验教学建议

本实验是闭合电路欧姆定律一节的引入实验。学生在初中阶段已学习过欧姆定律，一般是针对部分电路进行研究的，或者电路中含有电源，但是电源的内电阻忽略不计。本节研究闭合电路欧姆定律，是在考虑电源内电阻的条件下，研究闭合电路的规律。借助此实验，使学生对电路的认识与初中所学的知识产生冲突，从而激发学生的好奇心和求知欲。本实验，通过学生对实验现象的观察，找到随着并联灯泡数目的增加，灯泡变暗，进而得出灯泡两端电压减小的结论。本实验重在培养学生的观察能力和分析推理能力。

## 实验教学片断

### 环节一

在实验之前，提出问题，复习初中知识。

1. 观察示教板，说出电路元件和电路结构。

（电路包括电源、开关、小灯泡。四个小灯泡并联在电源两端。）

2. 猜想：逐个闭合每条支路的开关，小灯泡的亮度会发生变化吗？

（按照学生初中的认知，学生会猜想小灯泡的亮度不会发生变化。）

**设计意图**

复习初中知识，为后面演示实验所呈现的现象与学生原有认知产生冲突埋下伏笔。

## 环节二

演示实验，学生观察，得出结论。

3. 连接电路：开关断开，连接好电路。

（注意提醒学生观察电路的连接方法。）

4. 闭合开关 S 和 $S_1$，多用电表的量程选择直流 20 V 挡，将红、黑两个表笔分别接电源的正、负两极，读出多用电表显示的电压值 $U_1$。

5. 闭合开关 $S_2$，将多用电表红、黑两个表笔分别接在电源的正、负两极，读出多用电表此时显示的电压值 $U_2$。

（观察并说明：灯泡亮度是否发生变化？变亮还是变暗？电压表读数是否变化？变大还是变小？）

6. 重复上述步骤，依次闭合开关 $S_3$、$S_4$，将多用电表红、黑两个表笔分别接在电源的正、负两极，读出多用电表相应显示的电压值 $U_3$、$U_4$。

7. 将测量得到的电压值填入数据表格，分析电压的变化规律。

（结论：并联的灯泡越多，灯泡越暗，电压表的示数越小。）

8. 提出问题，引发思考：电压表的示数为什么会减小？

（并联的小灯泡越多，并联后的总电阻越小，外电阻变小，干路电流变大，由于电源有内阻，电源内部电压变大，于是小灯泡两端电压变小。灯泡两端电压减小，灯泡功率减小，亮度变暗。电压表示数减小的根本原因，是电源内部有电阻。）

# 实验十五　探究电动势和内、外电压的关系

## 一、实验设计意图

“闭合电路欧姆定律”是 2019 年版新教材第十二章“电能　能量守恒”第二节的内容。本节内容历来是高中物理电学部分教学的重点内容，也是难点。新教材对“闭合电路欧姆定律”这节内容的安排进行了部分调整，不仅将电源电动势的概念融入本节课的教学内容之中，同时，作为闭合电路欧姆定律内容应用的延伸教学内容，还将欧姆表的工作原理纳入到“拓展学习”版块中。这样的调整，使得知识的结构更加完整，知识间的联系更加紧密，对“科学探究”“科学态度与责任”等方面的物理学科素养提出了更高的要求。新教材对闭合电路欧姆定律这一规律的得出，仍然沿用了旧教材的方式，即从闭合电路中能量的角度推导出闭合电路欧姆定律 $I=\dfrac{E}{R+r}$，并给出闭合电路欧姆定律的另一种表述：“电源的电动势等于内、外电路电压之和”，即 $E=U_{外}+U_{内}$。

《北京市普通高中物理学科教学指导意见(2018 年版)》中强调：本模块内容与学生生活、现代科技密切相关，教师要充分利用多种教学资源，努力创设学生感兴趣、能激发探究欲望的问题情境，引导学生进行科学探究。本实验的设计，更加突出让学生“学习科学探究的方法，发展自主学习能力”的要求。针对新教材和“指导意见”的新要求，在设计本实验时，突出了以学生实验探究为主，教师引导为辅的课堂教学过程，重在让学生在实验探究中理解闭合电路欧姆定律的内容，并从实验的角度推导该规律。同时，也为学生利用闭合电路欧姆定律的知识理解欧姆表的原理并正确使用欧姆表奠定基础。

设计本实验时，需要考虑突破三大难点。电源电动势概念的建立与理解，是本节课的第一个难点。在电源内部，如何通过非静电力做功，把正电荷从负极搬运到正极，使电源能够对外提供持续的电能，是造成学生对电源电动势概念理解困难的一个重要因素。电动势的概念比较抽象，学生在平时很难观察到电源的内部构造，所以在进行实验设计时，应考虑如

何通过直观的实验解决这一难点。二是对闭合电路中电源内部电势降落的理解。由于电源内部电势降落难以直接观察，为学生形成这一概念造成了困难。三是对闭合电路欧姆定律的另一种表述“电源的电动势等于内、外电路电压之和”的理解。能否在理论推导的基础上，得到实验的验证，或者是通过学生对“电路中内、外电压之间关系”的实验探究，找到闭合电路内、外电压之和的规律，基于实验结论，理解规律的内在本质。

本设计探究实验“探究闭合电路内、外电压的关系”，同时解决了上述三个难点。

在实验中，利用硫酸（$H_2SO_4$）溶液、铅（Pb）片、氧化铅（$PbO_2$）片做成铅酸蓄电池，可以帮助学生了解电源内部构造，对理解电源电动势概念提供帮助。对程度较好的学生，可以带着学生了解铅酸蓄电池的化学反应方程式，进行跨学科融合教学。

在两极上发生的化学反应如下：

$$\text{负极板：}Pb + SO_4^{2-} \underset{\text{充电}}{\overset{\text{放电}}{\rightleftharpoons}} PbSO_4 + 2e^-$$

$$\text{正极板：}PbO_2 + 4H^+ + SO_4^{2-} + 2e^- \underset{\text{充电}}{\overset{\text{放电}}{\rightleftharpoons}} PbSO_4 + 2H_2O$$

利用将与电压表相连的两个铜探针插入电源两极板附近，测定电源的电动势，帮助学生建立并理解电动势的概念。

将该电源与电阻箱、开关组成闭合电路，用两个电压表分别测量电源内、外电压，观察电源内部也存在的电势降落，理解电源内部产生电压的原因。

通过实验，测量多组闭合电路内、外电压的数据，分析数据背后的规律，最终得到“闭合电路内、外电路电压之和等于电源电动势”的结论。

本实验可以作为学生的分组探究实验，让学生亲历实验探究的过程，帮助学生理解概念的建立以及规律的产生。没有实验条件的学校，可以作为课堂上教师的演示实验，使得学生在教师探究实验的引领下获得体验，掌握规律。对于不具备实验条件的偏远地区学校，可借助实验视频辅助教师教学。

# 二、实验设计内容

## （一）设计思路

1. 实验电源的选择。

选择化学原电池作为实验电源，其目的是便于学生观察化学电池内部组成并理解其工作原理，进而帮助学生更好地形成电源电动势的概念。本实验采用稀硫酸溶液制作化学原电池，稀硫酸为酸性溶液，具有腐蚀性，可在实验前利用化学原电池演示器，将硫酸溶液封入盒子中，以保障师生的安全。这样制作的电源，既保证了安全，又能使测量的电源电动势达到要求。将两个电压表分别接在正极板和铜片之间、负极板和铜片之间，测量两个极板的电势提升，两个极板电势提升之和为 2.29 V 左右，使得实验达到了预期的效果。

2. 改变电源内电阻。

实验过程中需要改变电源的内阻，在设计中考虑利用打气的方式，通过改变液面的高低，控制电池内阻。随着连接两个溶液池之间液面高度下降，横截面积减小，根据电阻定律 $R=\rho\dfrac{l}{S}$，横截面积减小，电源内电阻增大。

3. 如何理解电源内部也存在电势降落，又将如何测定？

这也是实验设计中需要解决的一个难点。最终选择的方案为：将铜片作为探针，插入到硫酸溶液中去，由于铜不与硫酸反应，故与溶液等电势，将电压表直接接在两个铜片上，操作简单，也便于进行测量。这种方式，能直观测定出电源内部的电势降落，能更好地帮助学生理解电源内部存在电势降落。

4. 改变内、外电阻，测量闭合电路内、外电压之和。

连接好电路后，利用打气装置改变内电阻，从而改变内电压，测量内、外电压，探索规律。通过改变电阻箱的阻值，改变外电压，探索内、外电压之和的规律。

## （二）实验原理

在电源内部，非静电力做功把其他形式的能转化为电势能，即为电源的电动势；电源外部电路的电阻上有电势降落，电源内部也有电阻，也存在电势降落。在闭合电路中，电源的电动势等于内、外电压之和，即 $E=U_{外}+U_{内}$。实验原理如图 1 所示。

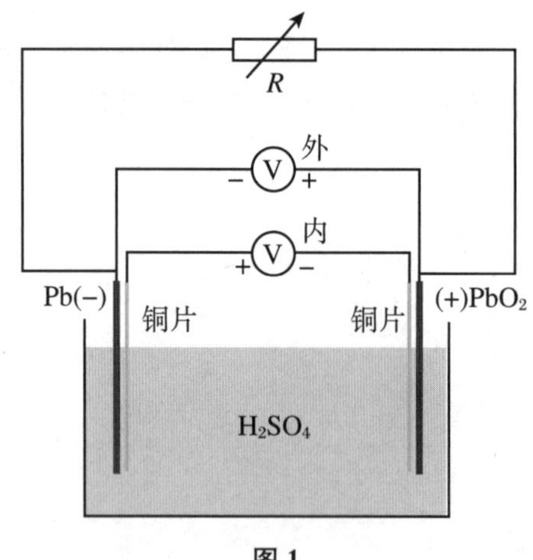


图 1

## （三）实验器材

铅酸蓄电池，包括硫酸($H_2SO_4$)溶液、铅(Pb)片、氧化铅($PbO_2$)片。

打气筒，铜片 2 片，电阻箱(0～9999 Ω)1 个，开关 1 个，电压表 2 个，导线若干。

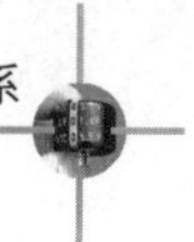

### （四）实验装置

实验装置照片如图 2 所示。

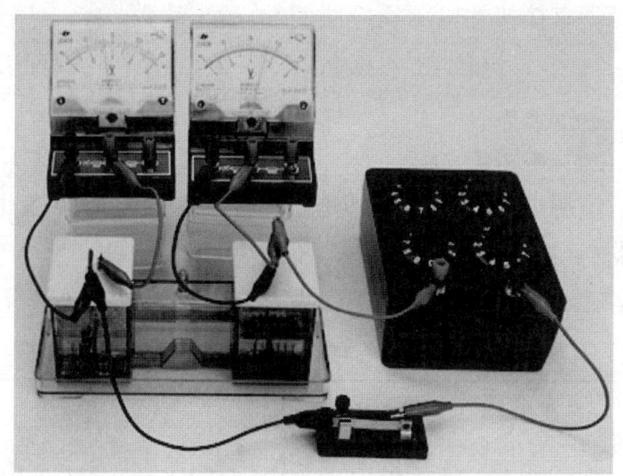

图 2

## 三、实验实施过程

### （一）实验步骤

1. 组装铅酸蓄电池，观察蓄电池的内部结构。

2. 观察利用打气筒改变液面高度控制电池的内电阻。

3. 以铜片作为探针，插入正、负极附近的溶液中，一个电压表接电源正极的 $PbO_2$ 片和铜片，另一个电压表接电源负极的 Pb 片和铜片，用来测量铅酸蓄电池两个反应层的电压，读出两个电压表的示数，记录在表格中，改变滑动变阻器的阻值，再次读出两个电压表的示数，也记录在表格中。

4. 连接电路：将铅酸蓄电池、电阻箱、开关连接成闭合电路。电压表 $V_1$ 接铅酸蓄电池的正、负极，测量外电路的电压，电压表 $V_2$ 接两个铜片，测量电源内部的电压，电压表量程都选用 3 V 挡。

5. 用打气筒改变电源内电阻，读出两个电压表的示数，分析电压表示数变化规律。

6. 将电阻箱的阻值调节到合适值，闭合开关 S，读出两个电压表的示数后，断开开关 S。

7. 继续改变电阻箱的阻值 $R$，闭合开关 S，读出两个电压表的示数，测量多组电压表的示数 $U_1$ 和 $U_2$。

8. 记录实验数据，填写在表格中，分析内、外电压表示数变化规律。

9. 拆除电路，整理仪器。

## （二）数据分析

1. 将电压表 $V_1$、$V_2$ 直接接在电源反应层两端，读出读数。

电压表 $V_1$ 读数________，电压表 $V_2$ 读数________。两个电压表读数之和为________。电源的电动势为________。

当外电阻阻值变化时，电源电动势______变化。（填写“发生”或“不发生”）

当外电路断开时，电源电动势______变化。（填写“发生”或“不发生”）

**答案** 0.65 V，1.64 V，2.29 V，2.29 V，不发生，不发生。

2. 连接闭合电路后，改变电源内阻，观察两个电压表示数变化情况，并将电压表读数填入下面的表格。

| 物理量 | 1 | 2 | 3 |
|---|---|---|---|
| 内电压 $U_1$/V | 0 | 0.30 | 0.50 |
| 外电压 $U_2$/V | 2.31 | 2.00 | 1.80 |
| $U_1+U_2$/V | 2.31 | 2.30 | 2.30 |

3. 改变电阻箱的阻值，读出电压表 $V_1$ 和 $V_2$ 的示数，填入下面的表格。

| 物理量 | 1 | 2 | 3 | 4 | 5 |
|---|---|---|---|---|---|
| 电阻箱阻值 $R$/Ω | ∞ | 20 | 30 | 50 | 80 |
| 内电压 $U_1$/V | 0 | 0.58 | 0.41 | 0.28 | 0.18 |
| 外电压 $U_2$/V | 2.31 | 1.71 | 1.88 | 2.02 | 2.12 |
| $U_1+U_2$/V | 2.31 | 2.29 | 2.29 | 2.30 | 2.30 |

## （三）实验结论

在误差允许的范围内，电源的电动势等于内、外电路的电压之和，即有 $E=U_{外}+U_{内}$。

## （四）误差分析

1. 电压表读数时产生误差。
2. 把铜片贴在铅板和氧化铅板内侧，测量电源内部的电压会产生误差。
3. 用电压表直接测量电源的电动势会产生误差。
4. 若实验过程持续时间较长，反应层的金属板会被氧化，影响电源电动势的大小。

## （五）注意事项

1. 插入铜片时，应尽量使其与铅酸蓄电池的反应极板平行。
2. 注意在测量电池的电动势时，电压表与极板的连接方法，与测量闭合电路的内、外电

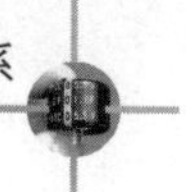

压时的连接方法不同。

3. 实验过程中，电压表采用 0～3 V 量程。

4. 读数时，视线要与刻度盘垂直，力求读数准确。

5. 闭合开关 S 前，应将电阻箱的阻值调节到最大。

6. 每次测出电压值后，要立即断开开关，再调节电阻箱的阻值。

# 四、实验达成的效果

本探究实验，达到了预期的效果：

1. 通过组装铅酸蓄电池，使学生了解了蓄电池的内部结构，帮助学生进一步理解电源电动势的概念。

2. 掌握用电压表直接测量铅酸蓄电池电动势的实验方法，能帮助学生深入理解电动势产生的原因。本实验用两个电压表分别测量铅酸蓄电池两个反应层的电势提升，现象清晰，效果明显。

3. 掌握用电压表测量铅酸蓄电池内电压、外电压的实验方法，帮助学生理解闭合电路的性质和规律。

4. 教材上是从能量的角度推导出闭合电路欧姆定律，学生通过自主的实验探究，从实验测量数据的视角出发，也可以推导出闭合电路欧姆定律，对帮助学生更好地理解该定律起到了促进的作用。

# 五、实验拓展及展望

1. 理解电路，分步连接。

由于电路中两块电压表测量的物理量不同，在实验过程中连接的方式也会随实验测量需求不同而发生改变，故直接让学生连接整个电路，对一部分学生而言困难较大。所以实验时，应注重循序渐进的原则，先引导学生理解电路的特点和测量的需求，再进行电路连接。先连接核心部分，检查无误后，再根据需求连接电压表。这样做，不仅减少了学生连接电路的困难，同时每一步电路连接都可以解决对闭合电路理解的不同问题。

2. 本实验在测量内、外电压时，可以使用两个电压传感器，直接测出内、外电压值，传输到计算机中，直接进行数据的处理，测量会更加准确，处理数据也更加便捷，简化实验处理数据的过程，节约课堂时间。

3. 本实验测量电源内部电势降落的实验方法，还存在测量不够准确的问题，可以在今后进一步完善。

# 六、实验理解反馈

1. 关于电源的电动势，下列叙述正确的是(　　)。

A. 电源的电动势数值上等于电路中通过 1 C 的正电荷时，电源提供的能量

B. 电源的电动势可以用理想电压表接在电源两极间直接测得

C. 电源的电动势是表示电源把其他形式的能转化为电能的本领大小的物理量

D. 同一电源接入不同的电路，电动势会发生变化

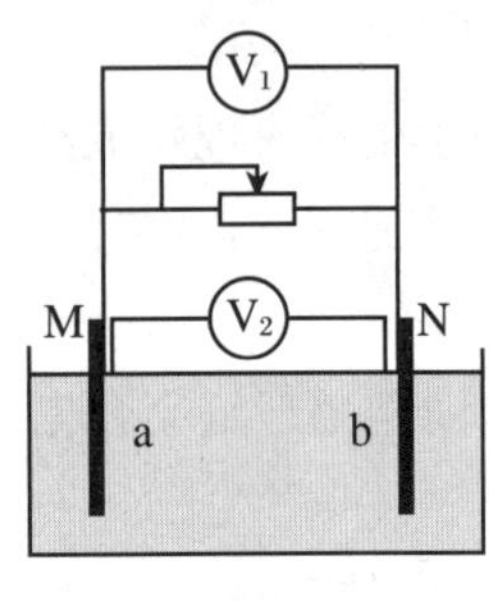


图 3

2. 如图 3 所示为测电源内、外电压的装置，容器内为稀 $H_2SO_4$ 溶液，电源两极为碳棒 M、锌棒 N。a、b 是位于两极内侧的探针，则：

(1) M 为电源________极，N 为电源________极。

(2) 伏特表 $V_1$ 测________电压，$V_2$ 测________电压。

(3) 滑片右移，$V_1$________，$V_2$________，总和________。

(4) 如果回路中电流为 $I$，画出路端电压 $U_1$ 随电流的变化关系。

3. 如图 4 所示，电源电动势 $E=2.0$ V，内阻 $r=0.1\ \Omega$，$R=1.9\ \Omega$，电流表、电压表对电路的影响不计，且两电表不被烧毁，那么：

(1) 当 S 接“1”时，电流表读数为________，电压表读数为________。

(2) 当 S 接“2”时，电流表读数为________，电压表读数为________。

(3) 当 S 接“3”时，电流表读数为________，电压表读数为________。

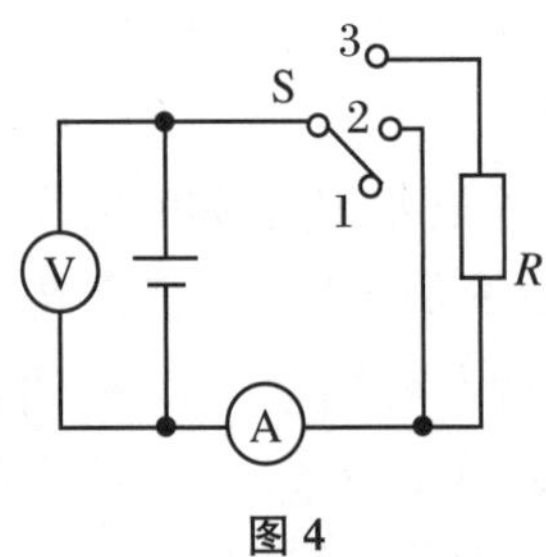


图 4

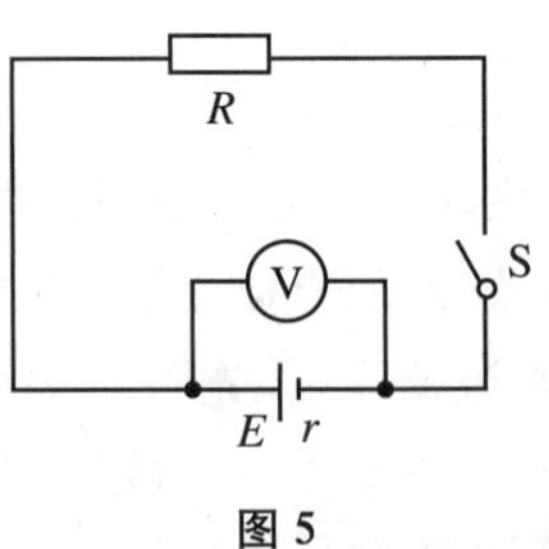


图 5

4. 如图 5 所示，当开关 S 断开时，理想电压表的示数为 3 V；S 闭合时，电压表示数为 1.8 V，则外电阻 $R$ 与电源内阻 $r$ 之比为(　　)。

A. 5 : 3　　B. 3 : 5　　C. 2 : 3　　D. 3 : 2

**答案**

1. ABC。
2. 正、负、外、内、减小、增大、不变。
3. (1) 0 A,2.0 V;(2) 20 A,0 V;(3) 1.0 A,1.9 V。
4. D。

# 七、实验教学建议

本实验是“闭合电路欧姆定律”一节的重要实验,对帮助学生理解闭合电路内、外电压的关系,理解闭合电路的电流特点,并进一步理解闭合电路欧姆定律的内容,推导闭合电路欧姆定律的关系式奠定了基础。在此基础上,还可以从能量的角度,帮助学生理解闭合电路中的能量分配关系。通过实验探究,培养学生基于观察和实验提出物理问题、形成猜想和假设、基于证据得出结论并做出解释的能力。

## 实验教学片断

### 环节一

制作铅酸蓄电池,了解其内部结构。

1. 制作铅酸蓄电池。

材料包括:容器盒、硫酸($H_2SO_4$)溶液、铅(Pb)片(作为负极)、氧化铅($PbO_2$)片(作为正极)。

2. 了解铅酸蓄电池两极发生的化学反应。

$$负极板:Pb + SO_4^{2-} \underset{充电}{\overset{放电}{\rightleftharpoons}} PbSO_4 + 2e^-$$

$$正极板:PbO_2 + 4H^+ + SO_4^{2-} + 2e^- \underset{充电}{\overset{放电}{\rightleftharpoons}} PbSO_4 + 2H_2O$$

3. 观察蓄电池内电阻的变化情况。

将打气筒的出气口接在蓄电池的空气入口处,向内打气,观察液面如何变化;向外抽气,观察液面如何变化。液面变化时,内电阻如何变化?

(向内打气,液面下降,内阻增大;向外抽气,液面升高,内阻减小。)

**设计意图**

通过制作铅酸蓄电池，帮助学生理解其内部结构；通过对铅酸蓄电池两极板发生的化学反应的分析，帮助学生理解电源内部非静电力做功的机理；通过对铅酸蓄电池内部液面升降的观察，帮助学生理解电池内部电阻变化的根本原因。

## 环节二

测量铅酸蓄电池的电动势。

4. 理解测量电源电动势的方法。

如何测量铅酸蓄电池的电动势？如何测量电池正极反应层的电动势？为什么要插入铜棒？

由于铜不与硫酸产生化学反应，故铜与溶液等电势。电池正极氧化铅与插入溶液中的铜棒之间产生电势的升高，用电压表测量其电势升高的值 $U_1$ 的大小。同理，电池负极铅与插入溶液中的铜棒之间也产生电势的升高，用电压表测量其电势升高的值 $U_2$ 的大小。电源正、负极附近电势提升的值 $U_1$ 与 $U_2$ 的大小之和，即为电源的电动势。

5. 改变外电阻，观察测量的电压是否变化。

改变外电阻，两个测量电压 $U_1$ 和 $U_2$ 数值不发生变化。电动势是电源内部非静电力做功产生的，仅由电池本身决定，与外电路是否变化无关。

本实验测得铅酸蓄电池的电动势为 2.29 V。

**设计意图**

通过测量铅酸蓄电池的电动势，帮助学生理解电池内部非静电力做功的机理，为学生建立电动势的概念提供帮助，达到深度学习的效果。

## 环节三

测量闭合电路内、外电压之和。

6. 连接闭合电路。

将铅酸蓄电池、电阻箱、开关连接成闭合电路。电压表 $V_1$ 接铅酸蓄电池的正、负极，测量外电路的电压；电压表 $V_2$ 接两个铜片，测量电源内部的电压。

7. 改变电源内电阻，测量内、外电压。

读出内电压 $U_1$ 和外电压 $U_2$ 的数值，并找到两个电压间的关系。

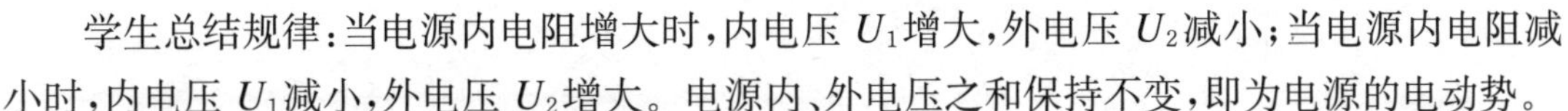

学生总结规律：当电源内电阻增大时，内电压 $U_1$增大，外电压 $U_2$减小；当电源内电阻减小时，内电压 $U_1$减小，外电压 $U_2$增大。电源内、外电压之和保持不变，即为电源的电动势。

8．改变外电路电阻箱的阻值，测量内、外电压。

读出内电压 $U_1$和外电压 $U_2$的数值，并找到两个电压间的关系。

学生总结规律：当外电路中电阻箱的阻值增大时，内电压 $U_1$减小，外电压 $U_2$增大，电源内、外电压之和保持不变，即为电源的电动势。

**设计意图**

通过改变铅酸蓄电池内电阻和外电路外电阻的大小，引导学生观察闭合电路内、外电压的变化情况，培养学生获取和处理信息的能力，并能够基于证据做出解释得出结论。

## 环节四

推导闭合电路欧姆定律。

9．利用实验结论推导闭合电路欧姆定律。

**提问** 基于实验数据，我们得到了“闭合电路内、外电路电压之和等于电源的电动势”的结论，即 $E=U_{外}+U_{内}$，利用这一结论，结合部分电路欧姆定律，我们能否推导出闭合电路欧姆定律？

**推导** 根据部分电路欧姆定律：$I=\dfrac{U}{R}$，有

$$U_{外}=IR,\quad U_{内}=Ir$$

根据实验结论：$E=U_{外}+U_{内}$，则有

$$E=IR+Ir$$

整理后得

$$I=\frac{E}{R+r}$$

**结论** 闭合电路的电流和电源的电动势成正比，和内、外电路的电阻之和成反比。这个结论，即为闭合电路欧姆定律。

**设计意图**

教材中是从闭合电路中能量的角度推导出闭合电路欧姆定律的，本实验提供了闭合电路欧姆定律的另一种推导方式，对培养学生基于实验数据分析并得出结论的能力，对培养学生的创新思维，起到了积极的作用。

# 实验十六　测量水果电池的电动势和内阻

## 一、实验设计意图

“水果电池”是2019年版新教材必修三第十二章“电能　能量守恒定律”第三节实验“电池电动势和内阻的测量”中的参考案例2:测量水果电池的电动势和内阻。旧教材选修3－1第二章“恒定电流”第十节“实验:测定电池的电动势和内阻”没有涉及水果电池的内容。

电源的电动势和内阻是电源的重要参数,通过该实验可以帮助学生理解电动势和内阻的概念。电动势和内阻的概念对于学生理解和把握电源的内在本质十分重要。通过对水果电池电动势和内电阻的研究,培养学生动脑、动手、合作、分享,既可以深化学生对电动势和闭合电路欧姆定律的理解,还可以进一步帮助学生熟悉用图像处理数据的方法、提高操作技能,从而培养学生的科学探究能力和科学态度。实现了概念和知识体系、方法和能力、情感态度与价值观的多个教育目标。

电源的各项指标与生活、生产密切相关。建议教师可以将此实验拓展为学生的探究实验,引导学生利用身边的资源,测量多种电源的电动势和内阻,例如手机电池等,帮助学生全面理解电源的特性。

## 二、实验设计内容

### (一) 设计思路

本实验的设计思路是先让学生体验如何制作水果电池,其目的是帮助学生理解电池的

内部构造。接着,让学生利用测定干电池的电动势和内阻的实验原理,测量水果电池的电动势和内阻。为了让学生理解影响电池电动势和内阻的因素,该实验在设计时,选择不同种类的水果制作水果电池,分别测量不同的水果电池的电动势和内阻,比较其电动势和内阻的差异。为了让学生真正体验水果电池能提供电能的属性,利用制作好的水果电池给发光二极管供电,观察到发光二极管被"点亮",如图 1 所示。在实验过程中,改变外电路电阻箱的阻值,如图 2 所示,测量多组电压和电流的数值,利用测量的实验数据,画出不同水果电池路端电压和电流的关系图像,并与干电池进行对比,理解在实验和生活中使用干电池而不选用水果电池供电的原因。

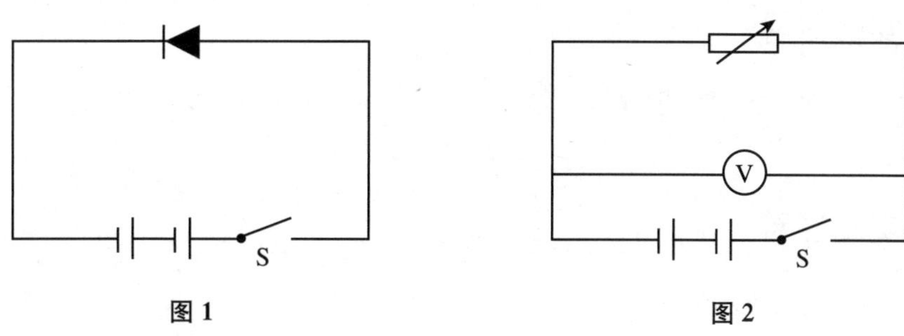


图 1　　图 2

## (二) 实验原理

本实验是根据闭合电路欧姆定律来测量电源的电动势和内电阻,并利用图像进行数据处理。

若选用滑动变阻器和电压表、电流表进行实验,测量多组 $U$、$I$ 数据,画出 $U$-$I$ 图像,根据关系式 $U = E - Ir$,图像的斜率表示电源的内电阻,图线与纵轴的交点为电源的电动势。实验电路图和实验数据图像分别如图 3、图 4 所示。

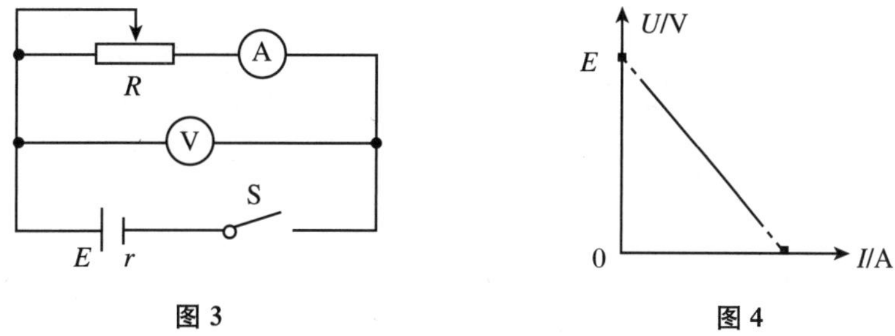


图 3　　图 4

若只选用电阻箱和电压表进行实验,测量多组 $U$、$R$ 数据,根据闭合电路欧姆定律的变形公式 $E = U + \frac{U}{R}r$,推导出关系式 $\frac{1}{U} = \frac{r}{E}\frac{1}{R} + \frac{1}{E}$,画出 $\frac{1}{U} - \frac{1}{R}$ 图像。根据图像可得,图像的斜率表示电源的内电阻和电动势的比值,图线与纵轴的交点为电源的电动势的倒数。实验电路图和实验数据图像分别如图 5、图 6 所示。

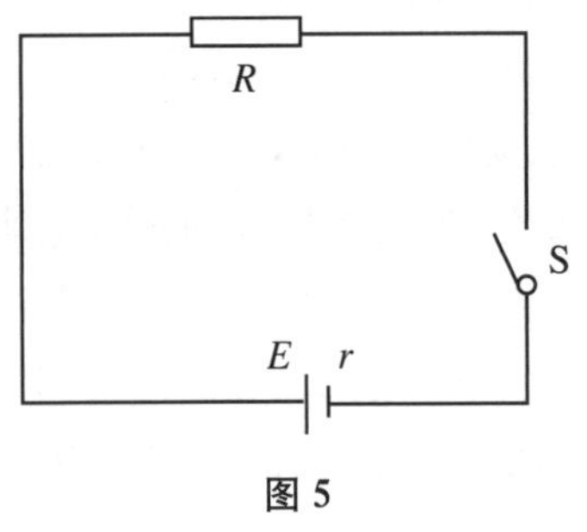


图 5

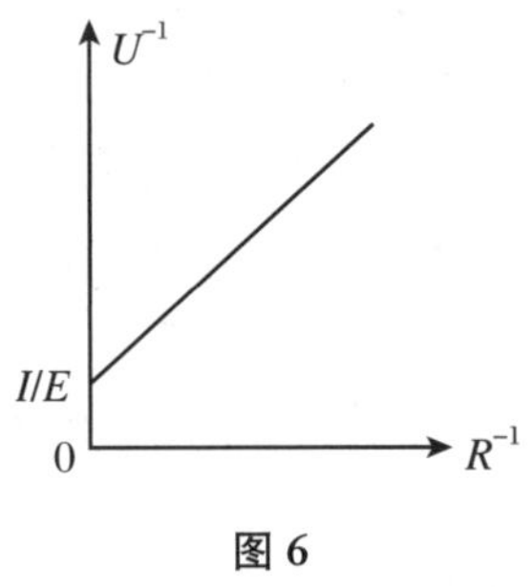


图 6

### （三）实验器材

各种水果（如西红柿、梨、土豆等），导线，铝片，铜片，砂纸，开关，发光二极管，电阻箱，多用电表。

### （四）实验装置

实验装置照片如图 7 所示。

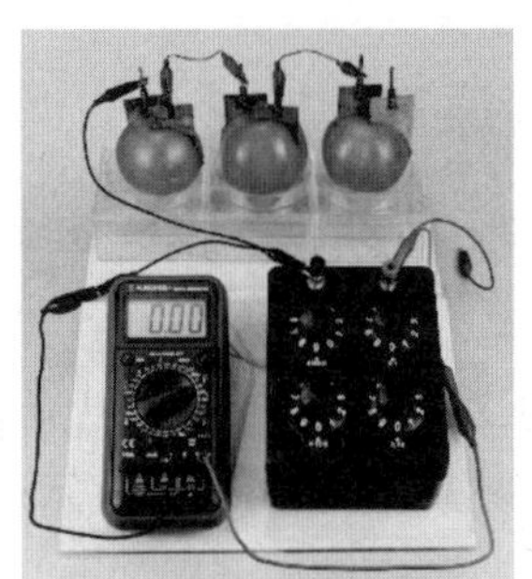

图 7

## 三、实验实施过程

### （一）实验步骤

1. 把三组铜片、铝片分别插入三个西红柿中，尽量使得两个金属片正对面积较大，并组装电路，如图 7 所示。

2. 将制作好的三个水果电池串联后与一个发光二极管连接，观察发光二极管的发光情况。

3. 将水果电池与一个多用电表以及电阻箱连接，组成电路。

4. 调节电阻箱的阻值，读出电阻箱的阻值 $R$ 和电压表的示数 $U$。继续调节电阻箱的阻值，测量几组 $R$、$U$ 的值。

5. 记录实验数据，填写在表格中。

6. 换用不同的水果电池进行实验，重复上述 3、4、5 步骤。

7. 拆除电路、整理仪器。

8. 利用测量的数据，画出 $\frac{1}{U}-\frac{1}{R}$ 的图像，求出不同水果电池的电动势和内阻并进行比较。

## （二）数据分析

1. 西红柿电池。

| 实验次数 | 1 | 2 | 3 | 4 | 5 | 6 | 7 | 8 | 9 |
|---|---|---|---|---|---|---|---|---|---|
| 电阻箱阻值/Ω | 9000 | 8000 | 7000 | 6000 | 5000 | 4000 | 3000 | 2000 | 1000 |
| 电压表示数/V | 2.33 | 2.26 | 2.19 | 2.10 | 1.99 | 1.82 | 1.62 | 1.33 | 0.86 |

结论：电阻箱的阻值减小，西红柿电池的路端电压减小。西红柿电池的总电动势 $E=2.94$ V，总内阻 $r=2.43$ kΩ。每个西红柿电池的电动势 $E=0.98$ V，内阻 $r=0.81$ kΩ。

2. 梨电池。

| 实验次数 | 1 | 2 | 3 | 4 | 5 | 6 | 7 | 8 | 9 |
|---|---|---|---|---|---|---|---|---|---|
| 电阻箱阻值/Ω | 9000 | 8000 | 7000 | 6000 | 5000 | 4000 | 3000 | 2000 | 1000 |
| 电压表示数/V | 1.23 | 1.14 | 1.04 | 0.94 | 0.82 | 0.67 | 0.53 | 0.37 | 0.19 |

结论：电阻箱的阻值减小，梨电池的路端电压减小。梨电池的总电动势 $E=4.26$ V，总内阻 $r=21.3$ kΩ。每个梨电池的电动势 $E=1.42$ V，内阻 $r=7.10$ kΩ。

3. 土豆电池。

| 实验次数 | 1 | 2 | 3 | 4 | 5 | 6 | 7 | 8 | 9 |
|---|---|---|---|---|---|---|---|---|---|
| 电阻箱阻值/Ω | 9000 | 8000 | 7000 | 6000 | 5000 | 4000 | 3000 | 2000 | 1000 |
| 电压表示数/V | 1.54 | 1.47 | 1.39 | 1.30 | 1.19 | 1.12 | 0.95 | 0.73 | 0.42 |

结论：电阻箱的阻值减小，土豆电池的路端电压减小。土豆电池的总电动势 $E=2.31$ V，总内阻 $r=4.46$ kΩ。每个土豆电池的电动势 $E=0.77$ V，内阻 $r=1.49$ kΩ。

4. 三种水果电池的 $U^{-1}-R^{-1}$ 图像如图 8 所示。

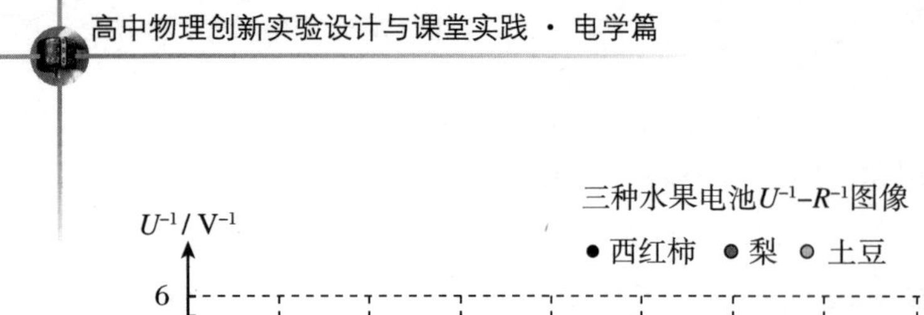


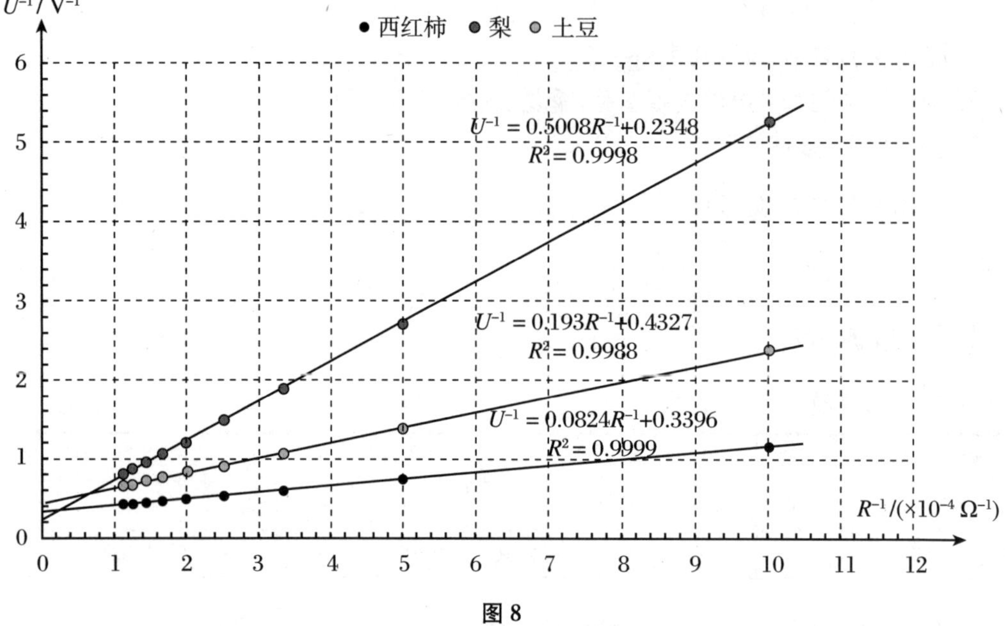


图 8

## (三) 实验结论

通过大量的实验数据分析可得:水果电池内阻较大,大约几百欧。一个水果电池的电动势约为 0.7～1.5 V。

## (四) 误差分析

1. 多用电表测量电压时读数产生误差。

2. 水果电池电动势、电阻在测量的过程中会发生变化,从而产生误差。

3. 作图处理数据时产生的误差。

## (五) 注意事项

1. 保持金属片表面的洁净和光亮,每次试验完毕后要擦拭干净,如果金属片表面氧化过多,可以用砂纸打磨。

2. 读电压示数时要快,每次读完后立即断开开关。

3. 注意作图的规范性。

# 四、实验达成的效果

1. 该实验帮助学生进一步体验了测电源电动势和内阻的方法，以及用图像处理数据的方法。

2. 水果电池的内阻很大，所以实验中需要采用额定功率小、额定电压小的发光二极管；为了增强实验的可视性，用一个黑色的桶遮住外界的光线，以便于观察发光二极管的亮度情况。

# 五、实验拓展及展望

1. 若上课课时有限，可以采用教师课上演示、学生课下自主实践的方式。

2. 可以要求学生课下探究后，写出探究水果电池的实验报告，并利用小组课外活动的时间，让同学们分享自己的研究成果，培养学生对科学探究过程和结果进行交流、评估、反思的能力。

# 六、实验理解反馈

1. 小明同学在学习了电源的相关知识后，制作了如图 9 所示的水果电池。为了测量该电池的电动势，他从实验室借来了灵敏电流表(内阻未知，且不可忽略)、电阻箱、开关以及若干导线，设计了如图 10 所示的电路图。你认为小明同学能否准确测出水果电池的电动势？并说明理由。

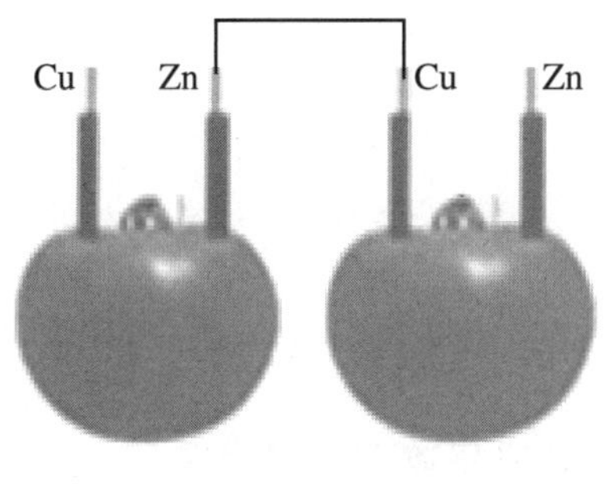


图 9

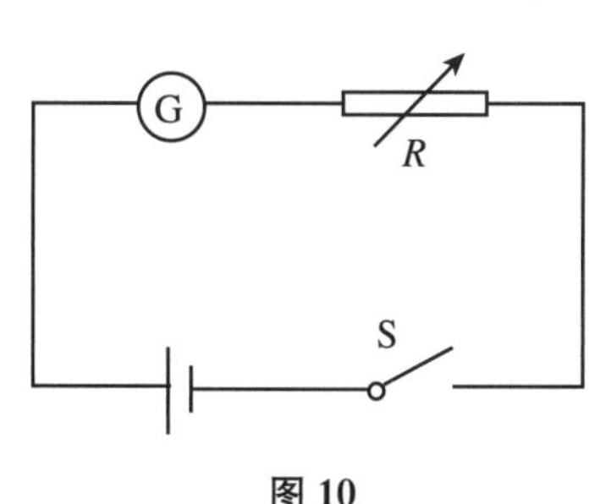


图 10

2. (1) 同学们通过查阅资料知道,将锌、铜两电极插入水果中,电动势大约会有 1 V 多一点。

图 11

小明同学找来了一个土豆做实验,如图 11 所示,当用量程为 0~3 V、内阻约 50 kΩ 的伏特表测其两极电压时读数为 0. 96 V,用欧姆表直接测"土豆电池"的两极,测得内阻 $r$ 的读数为 30 Ω。小丽同学用灵敏电流表直接接"土豆电池"的两极,测得电流为 0.32 mA,根据前面小明用伏特表测得的 0. 96 V 电压,由全电路欧姆定律得内阻 $r=3$ kΩ。小明认为土豆的内阻为 30 Ω,小丽则认为其内阻为 3 kΩ。以下关于两位同学实验过程的分析,正确的是(　　)。

A. 小明的方法不正确,因水果电池本身有电动势,故不能用欧姆表直接测其内阻

B. 小明的方法正确,因水果电池本身也是一个导体,可以用欧姆表直接测其电阻

C. 小丽的测量结果十分准确,除了读数方面的偶然误差外,系统误差很小

D. 小丽的测量结果不准确,因为水果电池内阻很大,用伏特表测得的电动势误差很大,因此计算出的内阻误差也很大

(2) 为尽可能准确地测定一个电动势和内阻未知的电源,实验室除了导线和开关外,还有以下一些器材可供选择:

A. 电流表 $A_1$(量程为 0~0. 6 A,内阻约为 1 Ω)

B. 灵敏电流表 $A_2$(量程为 0~0.6 mA,内阻约为 800 Ω)

C. 灵敏电流表 $A_3$(量程为 0~30 μA,内阻未知)

D. 滑动变阻器 $R_1$(最大阻值约 10 Ω)

E. 滑动变阻器 $R_2$(最大阻值约 2 kΩ)

F. 定值电阻(阻值为 2 kΩ)

G. 电阻箱 $R$(0~9999 Ω)

① 实验中应选择的器材是________(填器材前的字母代号)。

② 在方框中画出应采用的电路图。

③ 实验时,改变电阻箱 $R$ 的阻值,记录下电流表的示数 $I$,得到若干组 $R$、$I$ 的数据,根据实验数据绘出如图 12 所示的 $R-\frac{1}{I}$ 图线,由此得出其电源的电动势为________V(保留

两位有效数字)。按照此实验方法,请分析内电阻的测量值与真实值的大小关系,并给出必要的说明。

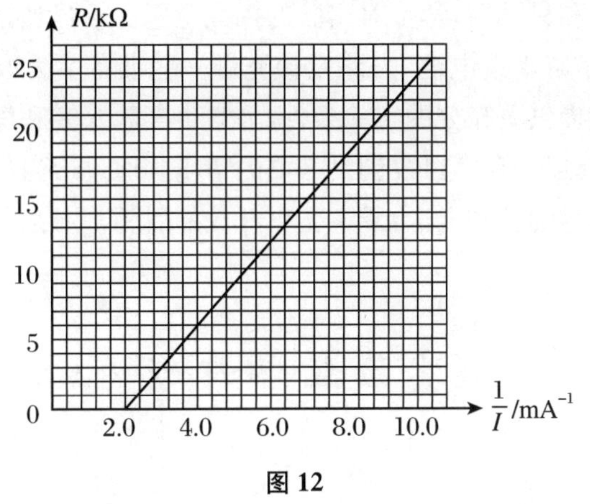


图 12

**答案**

1. 可以准确测出水果电池的电动势。

根据闭合电路欧姆定律,有 $E = I(R + r + R_g)$,变形可得

$$\frac{1}{I} = \frac{1}{E}R + \frac{r + R_g}{E}$$

实验中,改变电阻箱的阻值 $R$,可读出灵敏电流表相应的读数 $I$,得到多组对应 $R$、$I$ 数据,并画出$\frac{1}{I} - R$ 图像。在$\frac{1}{I} - R$ 图像中,图线的斜率 $k = \frac{1}{E}$,所以 $E = \frac{1}{k}$。

2. (1) AD。(2) ① BG。② 如图 13 所示。③ 3.0;测量值偏大,内电阻的测量值包含电流表内阻,所以大于真实值。

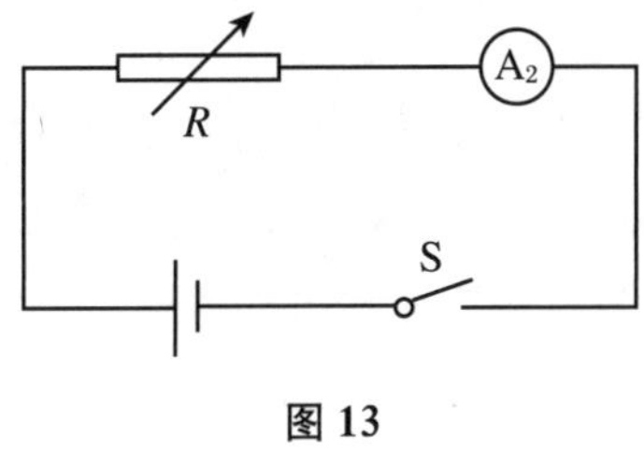


图 13

# 七、实验教学建议

通过实验测量水果电池的电动势和内电阻,可以让学生更好地理解电源电动势和内电阻的概念,提高用图像处理数据的能力,掌握更多电学实验的操作技能,更加深入理解闭合

电路欧姆定律，同时从核心素养角度看，本实验对培养学生的科学探究能力、科学思维水平和科学态度等都有着重要的价值。

本实验兼具趣味性和科学性，学生对实验的探究意愿比较强烈，可以给学生布置课前学习任务，通过查阅资料了解水果电池，为课堂探究做一些准备。为取得更好的教学效果，在学习环境上可以为学生提供更充分的实验条件，为学生实验探究和深度学习提供支持；在学生思维和认知发展的关键环节上，可以创设必要的情境并通过恰当的问题引领学生的思维；在具有实验探究价值内容的基础上，给予学生更开放的引领，并为学生的探究性实践提供帮助和指导。

## 实验教学片断

### 环节一

查阅资料，分享对水果电池的认识。

1．水果能提供电能吗？如何制作水果电池？

（水果也能提供电能。在水果中插入金属板，水果内的果汁与金属板发生化学反应，产生电子。水果电池可以充当电源，对外供电。）

2．哪种水果制作的电池供电的本领更强？

（不同水果果汁含量不同，与金属发生化学反应的情况不同。学生通过查阅资料，对比不同水果，发现多汁的水果一般电动势比较大。）

**设计意图**

通过查阅资料和交流讨论，让学生对水果电池有初步的认识，知道水果电池是利用水果中的化学物质和金属片发生反应产生电能，是一种化学电池。让学生了解水果电池的制作方法，为下面的实验探究做好认知上的准备。

### 环节二

动手制作水果电池，利用水果电池给二极管供电，观察二极管能否发光。

3．根据水果电池的原理，组织学生选用一种水果制作水果电池。

提供的水果包括梨子、西红柿、土豆等。

提供的实验器材包括铜片和锌片若干、导线若干、数字多用电表、电阻箱。

制作水果电池时，为提高水果电池总电能，可以选择同类水果多个，制作成水果电池组，

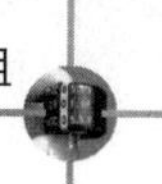

进行供电和测量。

4. 提出问题，引发思考：水果电池能给发光二极管供电吗？

把制作的水果电池接在二极管两端，观察二极管是否发光，并分析二极管发光和不发光的原因。

二极管不发光的原因可能有两种情况：一种是水果电池正、负极与二极管正、负极接反了，另一种是水果电池的电动势较小，不能点亮二极管。第一种情况可以通过改变二极管正、负极的连接来验证，第二种情况可以引导学生从提高水果电池电动势的角度进行分析。

**设计意图**

通过动手制作水果电池，让学生对水果电池的原理有进一步的体会和认识，通过用所制作的水果电池给二极管供电，使学生在实验中体验水果电池能提供电能，有利于学生对水果电池的属性进行探究。在授课过程中，通过对二极管没有被点亮的原因进行讨论，引导学生用多个水果电池串联的方式来点亮二极管，让学生体会水果电池的电动势较小，一个水果电池不能够为发光二极管提供足够的电能，可以将多个水果电池串联，为二极管供电，增强学生对水果电池电动势大小和内电阻大小的直观认识。其目的是提高学生的科学思维水平，培养学生分析问题解决问题的能力。

## 环节三

与学生讨论测量水果电池电动势和内阻的方案，为学生提供实验所需的器材，引导学生进行实验探究。

5. 电动势和内阻是电池的重要参数，水果电池也是一种电池，那么水果电池的电动势和内阻是否可以测量？如何进行测量？

可以类比教材中测量干电池电动势和内电阻的方案进行测量。也可以引导学生采用另一种实验方案，将制作好的水果电池与一个多用电表以及电阻箱连接，组成电路。

**设计意图**

通过讨论测量水果电池电动势和内阻的方案，让学生进一步理解闭合电路欧姆定律，提高学生实验设计的能力，同时也为下面的实验探究做好理论准备。

6. 根据讨论的实验方案，选择实验器材进行实验操作和测量。

7. 调节电阻箱的阻值，读出电阻箱的阻值 $R$ 和电压表的示数 $U$；继续调节电阻箱的阻值，测量几组 $R$、$U$ 的值。

**设计意图**

通过实验设计和测量，培养学生动手处理电学实验的能力，同时也进一步提高学生应用闭合电路欧姆定律解决实际问题的能力。

8. 根据实验测量结果，通过数据处理得到水果电池的电动势和内阻。

**提问** 利用测量的数据，画出$\frac{1}{U}-\frac{1}{R}$的图像，求出不同水果电池的电动势和内阻并进行比较。基于分析得到的数据，水果电池能用于给小灯泡供电吗？

梨将其他形式的能量转化为电能的本领最大，即电动势最大，三个梨子的电动势可以达到 4.26 V，平均每个梨子的电动势为 1.42 V。水果电池的内电阻都比较大，约为几百欧。水果电池无法给小灯泡供电，因为小灯泡电阻很小，约为几欧，在闭合电路中分得的电压较小，无法为小灯泡提供足够的能量，故小灯泡无法发光。

**设计意图**

通过处理数据得到实验结果这一分析过程，提高学生应用图像处理实验数据的能力，培养学生实事求是、严谨认真的科学态度。通过对水果电池给小灯泡供电，小灯泡无法发光的原因分析，帮助学生更加深入理解水果电池内阻很大这一属性。

# 实验十七　寻找表征磁场强弱的物理量

## 一、实验设计意图

磁感应强度是2019年版新教材必修三第十三章“电磁感应与电磁波初步”第二节“磁感应强度　磁通量”中的内容。

场这一特殊物质，看不见、摸不着，比较抽象，而令学生感到难以理解。为了定量研究场的性质，首先就要定义相应的物理量。在之前电场的学习中，学生已经知道了如何定义电场强度。对于磁场，我们可以将其与电场类比，根据场的力的性质，摸索如何定义表征磁场强弱的物理量。在物理教学中，常常采用类比的方法。类比法，是指用已知的物理现象和过程与未知的物理现象和过程相比较，找出它们的共同点、相似点或相联系的地方，并以此为根据，推测未知的物理现象和过程可能满足的特性和规律。

磁感应强度的定义，与电场强度的定义采用了同样的方法，即比值定义法。比值定义物理量在物理学中占有很大的比例，尤其在电场、磁场知识的学习中更为突出。但由于学生对比值定义物理量的方法理解不系统，而产生对物理量的理解不深入。应让学生明确，在比值定义法中，做比的两个物理量间应满足正比例关系，而且比值定义代表的物理量往往反映了物质的固有属性或者某种确定的状态，而与这两个物理量无关。概念教学应着力把概念的形成过程和运用过程尽可能完整、生动地展现开来，使学生能对所学概念正确理解并灵活运用。这正是本实验所要实现的目标。

# 二、实验设计内容

## (一) 设计思路

本节的实验分为两步。

**实验 1** 教材演示实验“探究影响通电导线受力的因素”,得出两个结论:匀强磁场中,当电流与磁场垂直时,粗略判断出通电导线受磁场力 $F$ 与电流 $I$ 方向及磁场方向垂直;电流大小 $I$ 和在磁场中的导线长度 $L$ 影响通电导线所受磁场力 $F$ 的大小。

**实验 2** 由于影响 $F$ 的因素不止一个,故采用控制变量的思想设计实验方案:保持 $L$ 不变,改变 $I$,探究 $F$ 与 $I$ 的定量关系;保持 $I$ 不变,改变 $L$,探究 $F$ 与 $L$ 的关系。

$I$ 与 $L$ 的大小是容易测量的,难点在于 $F$ 的测量。笔者没有使用力传感器,这是因为教学专用传感器还未在全国范围内大面积普及,大多数学生对它感到陌生,所以笔者采用了电子秤这一生活中常见的传感器——学生们更熟悉,教师也更容易获得,且不需要准备计算机和相应软件。为了使用电子秤,只需设置特定的磁场和电流方向,使导线所受磁场力竖直向下即可。

保持 $L$ 不变、改变 $I$ 是容易的,而保持 $I$ 不变、改变 $L$ 则有一些不便:若改变 $L$ 导致了总电阻的变化,就需要频繁地改变滑动变阻器滑片的位置以维持电流不变。更为方便的一种方案是用多匝相同线圈进行实验:将通电线圈一匝一匝地放入磁场,$F$ 的增量相同,说明 $F$ 正比于 $L$。但是笔者认为,学生容易通过该实验直接得出 $F$ 正比于匝数 $n$ 的结论,而并不能直观地感受到是“垂直于磁场的通电导线的长度 $L$”影响了 $F$。笔者选择的实验方案是:每次实验中,保持回路中导线总长度相同,则 $I$ 相同,改变磁场中单根通电导线的长度。这样做,操作简单,而且结论直观易得。

## (二) 实验原理

上述实验 2 的实验原理图如图 1、图 2 所示。

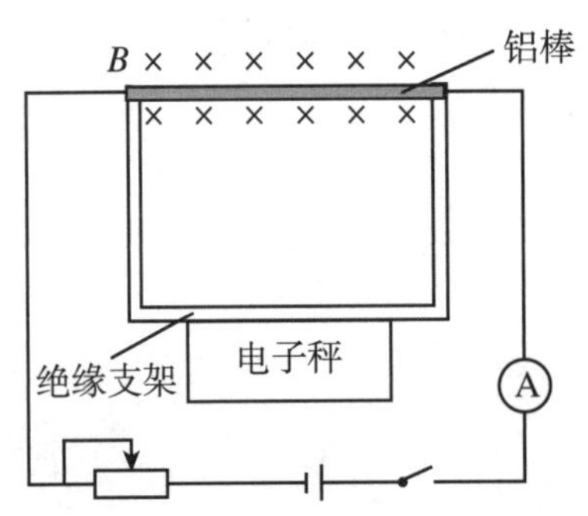


**图 1 保持 $L$ 不变,探究 $B$ 与 $I$ 的关系**

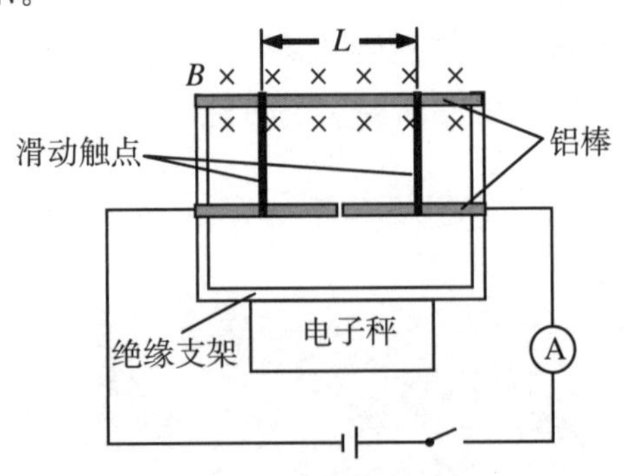


**图 2 保持 $I$ 不变,探究 $B$ 与 $L$ 的关系**

维持实验 1 中的电流方向，将磁场方向旋转 90°，使导线所受磁场力竖直向下。实验采用铅酸蓄电池(6 V，12 Ah)为电路供电，用强磁铁提供水平方向的匀强磁场，铝棒作为磁场中的通电导线，通过绝缘支架坐于精度为 0.1 g 的厨房用小型电子秤上。滑动变阻器的规格为“5 Ω，3 A”。由于电流较大(可达 10 A 以上)，为安全起见，使用点触开关(按下接通，释放断开)控制电路通断，读数完毕立即断开电路。

1. 保持 $L$ 不变，探究 $B$ 与 $I$ 的关系。

如图 1 所示，将铝棒和支架置于电子秤上，通电之前将电子秤示数调零。闭合开关后，电子秤的示数 $F_0$ 与 $F$ 成正比。移动滑动变阻器上的滑片，改变 $I$，测量 $F_0$，获得多组数据，用图像探究 $F_0$ 与 $I$ 的关系。

2. 保持 $I$ 不变，探究 $B$ 与 $L$ 的关系。

如图 2 所示，使用两根相同的铝棒，其中一根从中间截断。完整的铝棒置于磁场之中，通过两根可滑动的导体杆分别与两根半截铝棒相连，并接入电路。滑动导体杆时，$L$ 改变，但接入电路的铝棒的总长度不变，故总电阻不改变，$I$ 保持不变。改变 $L$，测量 $F_0$，获得多组数据，探究 $F_0$ 与 $L$ 的关系。

## (三) 实验器材

铅酸蓄电池(6 V)，滑动变阻器，导线，相同铝棒 2 根，强磁铁，数字式电流表，开关，电子秤。

## (四) 实验装置

实验装置照片如图 3 所示。

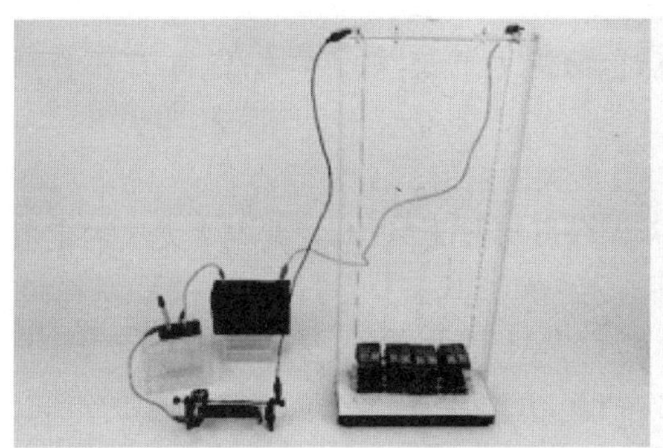

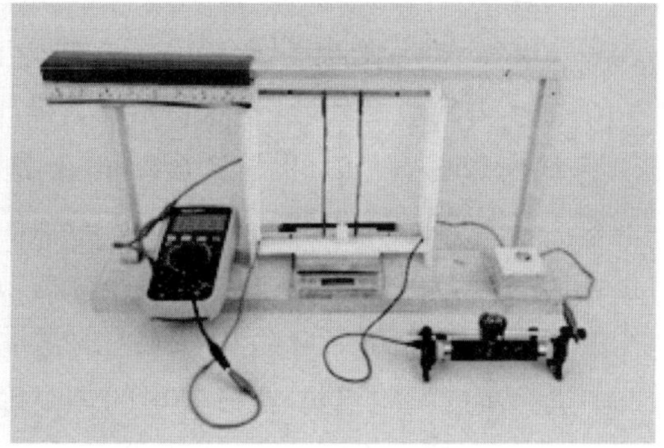

图 3

# 三、实验实施过程

## (一) 实验步骤

1. 做演示实验“探究影响通电导线受力的因素”。根据实验现象,猜测通电导线受力的方向与磁场方向以及电流方向垂直,且力的大小与电流大小、导线在磁场中的长度有关。

2. 保持 $L$ 不变,探究 $B$ 与 $I$ 的关系。

采用如图 1 所示的装置图,将铝棒和支架置于电子秤上,通电之前将电子秤示数调零。闭合开关,在数字式多用电表上读取 $I$ 的值,在电子秤上读取 $F_0$的值,立即断开开关并记录数据。移动滑动变阻器上的滑片,改变 $I$,重复实验,获得多组数据,用图像探究 $F_0$与 $I$ 的关系,得出结论:通电导线与磁场方向垂直且导线长度 $L$ 不变时,$F \propto I$。

3. 保持 $I$ 不变,探究 $B$ 与 $L$ 的关系。

采用如图 2 所示的装置,电流方向与磁场方向保持不变,滑动变阻器接入电路的阻值为零。移动滑动触点,$L$ 取铝棒中央五分之一长度。闭合开关,在电子秤上读取 $F_0$的值,立即断开开关并记录数据。移动滑动触点,使 $L$ 分别取原来的 3 倍、5 倍(但接入电路的铝棒总长度不变,即 $I$ 不变),重复实验,获得三组数据,探究 $F_0$与 $L$ 的关系,得出结论:通电导线与磁场方向垂直且 $I$ 大小不变时,$F \propto L$。

## (二) 实验结论

实验现象说明:通电导线与磁场方向垂直时,保持 $I$ 不变,则 $F \propto L$;保持 $L$ 不变,则 $F \propto I$。为了得到最终结论,还需要做如下推导:

当 $I$ 不变时,$F \propto L$,可写作 $F = kL$,$k$ 是与 $L$ 无关的定值。

当 $L$ 不变时,$F \propto I$,即 $kL \propto I$,则显然有 $k \propto I$,可写作 $k = BI$,$B$ 是与 $I$ 无关的定值。而且,由于 $k$ 与 $L$ 无关,所以 $B$ 也与 $L$ 无关。

那么 $F = BIL$,$B$ 是与 $I$、$L$ 都无关的常量。

更进一步的实验说明,在磁场中的一个确定位置,$B$ 是保持不变的;在磁场中的不同位置,$B$ 的数值一般是不同的,这说明 $B$ 反映了磁场本身的性质。另外,上式说明,同一个电流元,在 $B$ 更大的位置受力更大(前提是保持通电导线与磁场方向垂直),那么该点的磁场应该更强,这说明 $B$ 反映了某点的磁场的强弱。

综上所述,当通电导线与磁场方向垂直时,通电导线受到的磁场力 $F$ 与电流元之比,能够表征磁场的强弱。我们将该比值定义为磁感应强度 $B$,即 $B = \frac{F}{IL}$(通电导线垂直于磁场方向时)。

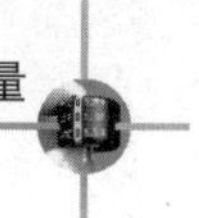

### (三) 误差分析

1. 电子秤的示数误差,可通过查阅电子秤的说明书了解其误差水平。

2. 实验步骤"保持 $I$ 不变,探究 $B$ 与 $L$ 的关系"中,改变滑动触点后,无法严格保证接入电路的铝棒总长度不变,故电流会发生轻微的变化,给 $F$ 的测量带来误差。

3. 为了让电子秤示数尽量大些,应适当提高电流的大小。但当电流较大时,电池快速放电会导致电流不能保持恒定,给 $I$ 的测量带来误差。所以应选用容量较大的电池并快速读数。

### (四) 注意事项

实验 1 中改变 $I$ 或 $L$ 时,通电导线所受磁场力不同,获得的速度不同,飞出磁场区域所需要的时间也不同。若通电时间过长直至导线飞出磁场区域,则 $F$ 大的受力时间短,$F$ 小的受力时间长,仅凭导线的最大高度恐怕不能得到令人信服的结论。故每次实验都应采用点触的方式(闭合开关之后马上断开),保证磁场力作用时间大致相同。

实验 2 中使用的鳄鱼夹导线通常能被磁铁吸引,所以最好用铜夹或漆包线;强磁场对电子秤会产生影响,所以实验前应通过试验确定磁铁的安全高度;尽量选择铝棒中段通电和受力,否则可能对电子秤的示数产生影响;滑动变阻器接入电路的阻值较小时,电流会较大(可能会超过 10 A),所以通电时间要短,迅速读数,然后断开开关。

## 四、实验达成的效果

本探究实验,达到了比较满意的效果:

1. 使学生对于如何表征场的强弱以及比值定义法有了更深入的理解。

2. 帮助学生掌握控制变量的研究思想,明白该方法是物理学研究问题的重要方法。

## 五、实验拓展及展望

如何用简洁的方式呈现 $F$ 的方向与磁场方向及电流方向垂直仍是一个值得研究的问题。

# 六、实验理解反馈

1. 有关磁感应强度的下列说法，正确的是(　　)。

A. 磁感应强度是用来表示磁场强弱的物理量

B. 若有一小段通电导体在某点不受磁场力的作用，则该点的磁感应强度一定为零

C. 若有一小段长为 $L$、通以电流为 $I$ 的导体，在磁场中某处受到的磁场力为 $F$，则该处磁感应强度的大小一定是 $B=\frac{F}{IL}$

D. 由定义式 $B=\frac{F}{IL}$ 可知，电流强度 $I$ 越大，导线 $L$ 越长，某点的磁感应强度就越小

2. 关于磁感应强度方向和电场强度方向，下列说法正确的有(　　)。

A. 电场强度方向与电荷所受电场力方向相同

B. 电场强度与正电荷所受电场力方向相同

C. 磁感应强度方向与小磁针 N 极所受磁场力方向相同

D. 磁感应强度方向与小磁针静止时 N 极所指的方向相同

3. 磁感应强度的单位是特斯拉(T)，与它等价的是(　　)。

A. $\frac{\mathrm{N \cdot A}}{\mathrm{m}}$　　B. $\frac{\mathrm{N}}{\mathrm{A \cdot m}}$　　C. $\frac{\mathrm{N \cdot A}}{\mathrm{m^2}}$　　D. $\frac{\mathrm{N}}{\mathrm{A \cdot m^2}}$

**答案**　1. A　2. BCD　3. B

# 七、实验教学建议

## 实验教学片段

### 环节一

复习电场强度的建立过程，确定实验探究方向。

1. 我们已经学习过表征电场强弱的物理量——电场强度。电场强度是如何被定义的？

(1) 从电场对放入其中的电荷有力的作用这一性质着手，表征电场的强弱。

(2) 通过理论与实验研究，发现电场力 $F$ 与电荷量 $q$ 成正比，即 $F\propto q$。

(3) 比例系数反映了电场本身的性质，它能够代表电场的强弱，将其定义为电场强度 $E$，即 $E=\dfrac{F}{q}$。

2. 类比于电场强度的定义过程，我们应如何寻找表征磁场强弱的物理量?

(1) 从磁场力的性质入手：磁场对磁体、通电导线、运动电荷有力的作用。但是由于 N 极(S 极)不能单独存在，所以无法单独测量 N 极(或 S 极)受磁场的力，也就不可能确定磁场的强弱了。而通电导线的长度以及其中的电流大小都能方便地测量，所以我们尝试定量研究磁场对通电导线的力。

(2) 通过实验手段探究磁场对通电导线的力受哪些因素影响，以及它们的定量关系。

(3) 根据上述性质决定如何表征表示磁场强弱的物理量。

**设计意图**

通过复习电场强度这一概念的建立过程，认识描述场的一般方式：从研究场的力的性质着手，建立表征场的强弱的物理量。

## 环节二

在匀强磁场中探究影响通电导线受力的因素，确定定量实验的方向。

3. 介绍实验装置。

4. 观看实验过程，总结实验现象。

导线与磁场方向垂直的情况下，通电之后，导线摆起到一定高度，大致判断导线受力沿垂直于导线和磁场的方向。更精确的实验能够证明这一点。

改变滑动变阻器的阻值，发现当电流 $I$ 增大时，导线摆起的最大高度也会增大，说明导线所受磁场力 $F$ 随 $I$ 的增大而增大。

改变磁场中导线的通电长度 $L$，发现当 $L$ 增大时，导线摆起的最大高度也会增大，说明导线所受磁场力 $F$ 随 $L$ 的增大而增大。

5. 根据上述实验现象，接下来我们应该定量研究 $F$ 与 $I$、$L$ 的关系。

**设计意图**

通过初步探究，寻找与 $F$ 大小有关的物理量，为下一步定量实验打好基础。

## 环节三

定量实验，确定 $F$ 与 $I$、$L$ 的定量关系。

6. 我们应如何设计实验方案？

采用控制变量法：保持 $L$ 不变，改变 $I$，测量 $F$，探究 $F$ 与 $I$ 的关系；保持 $I$ 不变，改变 $L$，测量 $F$，探究 $F$ 与 $L$ 的关系。

7. 介绍实验装置。

保持“在匀强磁场中探究影响通电导线受力的因素”实验中的电流方向不变，将磁场旋转 90°，使 $F$ 竖直向下，用电子秤测量 $F$。

8. 观看实验过程，总结实验现象。

通电导线与磁场方向垂直时，保持 $I$ 不变，则 $F\propto L$；保持 $L$ 不变，则 $F\propto I$。

**设计意图**

重温控制变化的方法，确定实验方案。体会利用常见器材完成实验的方法，最终得出 $F$ 与 $I$、$L$ 的定量关系。

## 环节四

磁感应强度概念的提出。

9. 推导出(也可直接给出)$F\propto IL$，即 $F=BIL$，其中 $B$ 是与 $I$、$L$ 无关的定值，反映了磁场本身的性质。磁场中 $B$ 更大的位置，同样的电流元(在导线垂直于磁场方向时)受力更大，说明该处磁场更强，即 $B$ 能反映磁场的强弱。

10. 将 $B$ 定义为磁感应强度：$B=\frac{F}{IL}$。$B$ 是矢量，$B$ 的方向就是磁场的方向，即在磁场中静止的小磁针 N 极的指向。单位为特斯拉(T)，根据定义式，可得 $1\ \text{T}=1\ \frac{\text{N}}{\text{A}\cdot\text{m}}$。

**设计意图**

重温比值定义法，知道存在正比关系是比值定义的前提，并建立磁感应强度的概念。

# 实验十八　探究感应电流产生的条件

## 一、实验设计意图

“法拉第电磁感应实验”是法拉第所做的由于磁场的变化在导体中感生出电流的实验。这个演示实验安排在《普通高中课程标准实验教科书·物理·选修3－2》第四章“电磁感应”第一节“划时代的发现”中。2019年版新教材将该实验放在第十三章“电磁感应与电磁波初步”第三节“电磁感应现象及其应用”下“划时代的发现”中。虽然知识体系结构有所调整，但该实验在本节的位置未发生变化，都是作为认识电磁感应现象的代表实验。“划时代的发现”阐述了法拉第发现电磁感应现象的过程。该节内容旨在通过对电磁感应现象研究史实的学习，培养学生的科学方法和科学精神。《普通高中物理课程标准(2017年版)》对本节内容要求：通过实验，了解电磁感应现象。《普通高中物理课程标准(2017年版)解读》中强调：通过实验让学生知道磁场变化能在闭合回路中产生电流，知道这种现象叫电磁感应现象。通过介绍科学家对“电生磁、磁生电”的研究，体验科学探索中科学思想方法的重要作用，体会物质世界的多样性和统一性。

利用科学史情景进行探究教学，可以把教科书中的物理知识及其历史进程中所蕴涵的科学思维方法作为基础，有机地渗透科学史等方面的知识，学生不仅可以学到物理课程中的知识，还可以从中学习和领悟科学思维的方法。

1820年7月奥斯特发现了电流的磁效应后，在欧洲科学界引起了强烈的反响，人们开始投入大量的人力、物力对电磁现象进行研究。既然电与磁有密切关系，电能产生磁，那么很自然地会想到它的逆效应：磁能产生电吗？为此科学家们进行了长期的实验探索。从1820年至1831年的十多年间中，当时许多著名的科学家，如安培、菲涅耳、阿拉果、德拉里夫等，都投身于探索磁与电的关系之中，他们用很强的各种磁场试图产生电流，但均无结果，究其原因是抱住稳态条件不放，而没有考虑暂态效应，因此十多年中研究进展不大。奥斯特的发现改变了人们的自然观、世界观和思维方式，法拉第的发现拉开了人类社会迈进电气化时代的序幕。这段科学史是科学思维中传统与创新的交锋和突破,同时也展示了创新思维的重要性和时代局限性对创新的羁绊。

在本节的教学中,课堂上重现法拉第电磁感应的成功实验,一方面可以让学生对电磁感应现象有一个初步的认识,即"磁生电"是一种在变化、运动过程中才能出现的效应;另一方面可以结合科学史情景,再现从"稳态"到"暂态"的突破性创新,让学生体会其中的巧妙与伟大。

为达到以上目的,本实验在设计上需要对原实验稍做改进。一方面要让实验现象明显易观察,一方面要在实验中体现"稳态"与"暂态";设计演示实验的操作顺序,让学生体会科学发现的"偶然"并体会法拉第成功的"必然"。

# 二、实验设计内容

## (一) 设计思路

要让实验现象明显易观察,即副线圈是否产生感应电流,选择使用演示用的灵敏电流计来进行检验,其表盘指针较大,易观察指针偏转情况。原线圈部分选择使用小灯泡来显示电流的有无,这样"稳态"及"暂态"就可清晰地显示为:小灯泡亮表示有电流,小灯泡暗表示无电流,小灯泡从暗到亮表示电流从无到有,小灯泡从亮到灭表示电流从有到无,小灯泡常亮表示电流稳定存在。

要让学生对电磁感应现象有一个初步的认识,认识到"磁生电"是一种在变化、运动过程中才能出现的效应。在演示的过程中通过开关控制原线圈电流从有到无、从无到有,副线圈处的灵敏电流计随之指针偏转,即将这个过程用实验阐释清楚了。

如何展现从"稳态"到"暂态"的突破性创新,让学生体会其中的巧妙与伟大?在实验设计中调整演示顺序,能够达到不一样的效果。首先将原线圈接好,保持开关闭合状态,小灯泡常亮即表示原线圈一直通有稳定电流,再将灵敏电流计串联接入副线圈,电流计没有发生偏转,此时没有感应电流产生。此后,将原线圈的开关打开,小灯泡从亮到暗,代表电流从有到无,副线圈灵敏电流计发生偏转后归零。这一现象说明在这变化的瞬间产生了电流。再将开关合上,副线圈灵敏电流计发生偏转后又归零。说明原线圈电流从无到有的变化瞬间副线圈感应出电流。而当原线圈电流稳定未发生变化时,副线圈灵敏电流计不发生偏转。这样调整后的操作顺序,能够调动学生的积极性,代入情景进行思考,在实验中设置"稳态""暂态"的现象对比,能够突破学生对电磁感应现象的认识——"磁生电"是一种在变化、运动过程中才能出现的效应。

## （二）实验原理

1831 年，法拉第用如图 1 所示的装置实验发现，在 A 线圈接通或切断电源的瞬间，B 线圈附近的小磁针会突然跳动，说明在接通或切断电源的瞬间，B 线圈中有电流感生出来。图 2 为该装置的电路原理图。

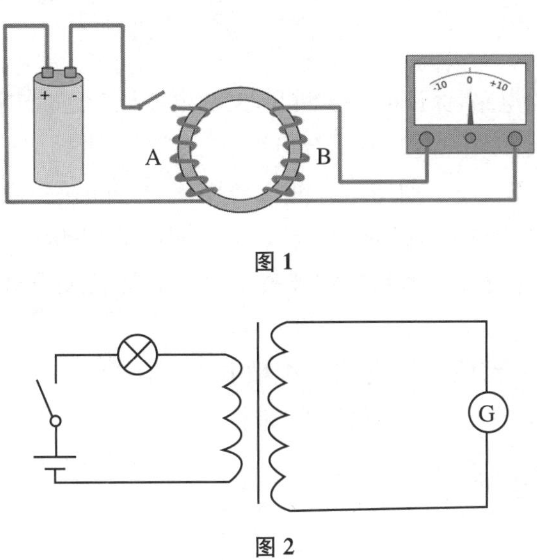


图 1

图 2

该实验背后的原理：A 线圈接通或切断电源的瞬间，B 线圈的磁通量发生变化，产生感应电动势，由于 B 线圈电路闭合，就有了感应电流，使电流表的指针发生偏转。

## （三）实验器材

实验室变压器（两个多匝线圈、铁芯），小灯泡（4.5 V，0.3 A），电键，6 V 蓄电池，演示用灵敏电流计，导线若干。

## （四）实验装置

实验装置照片如图 3 所示。

图 3

# 三、实验实施过程

## (一) 实验步骤

1. 按图连接好实验电路,保证电键先断开,灵敏电流计未连入电路。

2. B线圈断开时,连接好A线圈,闭合电键,小灯泡亮,此时灯泡的亮暗能够将是否通电的信号更加明显地呈现在学生面前。保持A线圈闭合(此时是"稳态"),"小心翼翼"地将B线圈接通,让学生观察灵敏电流计是否偏转。结果明显是"不偏转"。

3. 宣告实验失败,进而打开A线圈的开关。学生发现,在打开开关的瞬间,灵敏电流计的指针发生了偏转。

4. 再次验证,闭合A线圈开关的瞬间,灵敏电流计的指针又一次发生了偏转。

5. 重复试验几次,让学生观察实验现象,进行总结。

## (二) 实验现象分析

1. 实验现象记录:

| 操　作 | | 现　象 |
|---|---|---|
| A线圈开关闭合,小灯泡常亮 | A线圈有电流,且稳定不变 | 灵敏电流计指针不偏转,B线圈无感应电流产生 |
| 打开A线圈开关,小灯泡由亮到灭 | A线圈电流从有到无,发生变化 | 灵敏电流计指针偏转,B线圈产生感应电流 |
| 闭合A线圈开关,小灯泡由灭到亮 | A线圈电流从无到有,发生变化 | 灵敏电流计指针偏转,B线圈产生感应电流 |
| 保持A线圈开关闭合,小灯泡常亮 | A线圈有电流,且稳定不变 | 灵敏电流计指针不偏转,B线圈无感应电流产生 |

2. 实验现象分析:

从实验现象可知,当A线圈中的电流稳定不变时,B线圈中无感应电流产生;当A线圈电流发生变化时,B线圈中产生感应电流。进一步分析,A线圈的电流周围存在磁场,电流稳定不变时,电流的磁场稳定不变。B线圈处于A线圈的磁场中,当磁场稳定不变时没有感应电流的产生;当A线圈电流发生变化,磁场也随之发生变化时,B线圈中的磁场发生变化,此时有感应电流的产生。

### （三）实验结论

根据实验现象可总结出“磁生电”是一种在变化的过程中才能出现的效应。

### （四）注意事项

1. 实验中，要使小灯泡亮度明显，可选择 4.5 V 规格的小灯泡，选用 6 V 蓄电池作为电源。

2. 实验中原、副线圈要选择适当的匝数，灵敏电流计的偏转才较为明显。比如当用 6V 蓄电池作为电源，原、副线圈匝数比为 1∶8 时，灵敏电流计的偏转较为明显。

## 四、实验达成的效果

在重复法拉第成功实验的过程中，并没有采取先告知结果后进行验证的思路。而是先描述法拉第前几次的失败的“磁生电”的实验，把结果归结为可能“电流不够强”，不易观察。改进实验方案，进一步放大信号进行观察，仍然失败。然后调整操作顺序，让学生自己发现产生电流的瞬间，根据多次观察总结出结论：A 线圈开关闭合和打开的瞬间，B 线圈中有感应电流产生。通过这样的过程让学生自己突破脑海中稳态感应的观念，获得初步认识——“磁生电”是一种在变化的过程中才能出现的效应。

## 五、实验拓展及展望

在实验中，我们看到闭合开关和断开开关的瞬间均产生感应电流，灵敏电流计的指针发生偏转，但我们发现偏转的方向不一样，说明在两个过程中产生的感应电流的方向不同。这涉及感应电流的方向问题即楞次定律的相关内容。我们可以在学生学习完感应电流方向的判断后，再利用该实验的现象进一步验证楞次定律。

## 六、实验理解反馈

1. 在“研究电磁感应现象”的实验中，首先按图 4(a)连线，以查明电流表指针的偏转方向与电流方向之间的关系。当闭合开关S时，观察到电流表指针向左偏，不通电时电流表指针停在正中央。然后按图4(b)所示，将电流表与副线圈B连成一个闭合回路，将原线圈A、电池、滑动变阻器$R'$以及开关S串联成另一个闭合电路。

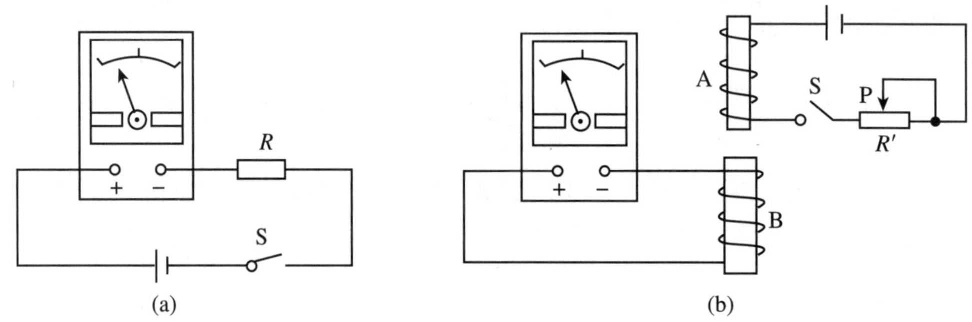


图4

(1) S闭合后，将螺线管A(原线圈)插入螺线管B(副线圈)的过程中，电流表的指针是否偏转？

(2) 线圈A放在B中不动时，指针是否偏转？

(3) 线圈A放在B中不动，将滑动变阻器的滑片P向左滑动时，电流表指针是否偏转？

(4) 线圈A放在B中不动，突然断开S，电流表指针是否偏转？

2. 图5为法拉第在1831年做的一个电磁感应实验的示意图。他把两个线圈绕在一个铁环上，线圈A与电源、滑动变阻器$R$组成一个回路；线圈B与开关S、电流表G组成另一个回路。通过多次实验，法拉第终于总结出产生感应电流的条件。关于该实验，下列说法正确的是(　　)。

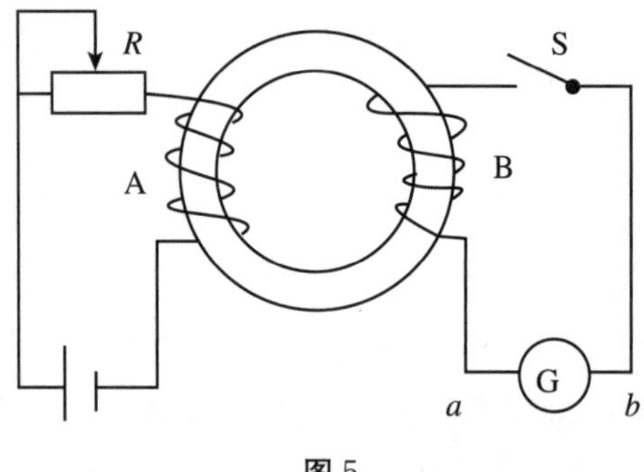


图5

A. 闭合S的瞬间，电流表中有感应电流

B. 闭合与断开S的瞬间，电流表中都没有感应电流

C. 闭合S后，在$R$增大的过程中，电流表中没有感应电流

D. 闭合S后，在$R$增大的过程中，电流表中有感应电流产生

3. 某实验装置如图6所示，在铁芯P上绕着两个线圈A和B。如果线圈A中电流$i$与时间$t$的关系有如图所示的甲、乙、丙、丁四种情况，那么在$t_1$～$t_2$这段时间内，哪种情况可

以观察到线圈B中有感应电流?

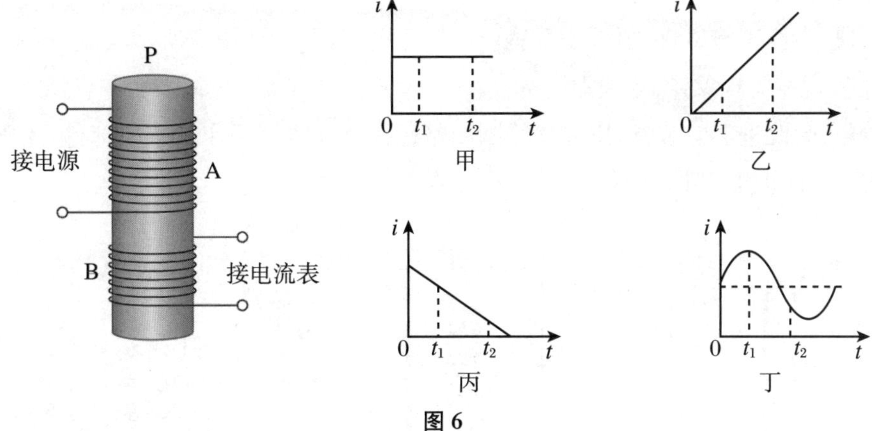


**图6**

**答案**

1. (1) 偏转;(2) 不偏转;(3) 偏转;(4) 偏转。

2. AD。

3. 分析:此题目考查感应电流产生的条件,要求学生理解电磁感应是在变化的过程中发生的现象。学生需要综合分析解决这个问题,首先要明确研究对象是B线圈,学生通过读图发现B线圈接电流表,A线圈接电源,能够分析判断出B线圈是感应线圈,A线圈是产生磁场的线圈。其次学生要明确产生感应电流的条件是线圈B中磁通量发生变化,这就需要产生磁场的通电线圈A中的电流发生变化。满足这一条件的图像是乙、丙、丁。

# 七、实验教学建议

法拉第电磁感应实验是认识电磁感应现象的重要演示实验。通过该实验的教学,认识"磁生电"是一种在变化、运动过程中才能出现的效应,为后续探究感应电流产生条件做准备。

## 实验教学片断

**环节一**

介绍法拉第寻找磁生电现象的失败过程。

1．阶段一：设计如图7所示实验电路，猜想从稳恒磁场感应出稳恒电流。通过大量实验，未发现相关现象，实验失败。

2．阶段二：修正猜想：稳恒强磁场感应出稳恒电流，设计如图8所示实验电路。通过大量实验，未发现相关现象，实验失败。

3．阶段三：改进实验装备，用多匝线圈回路替代直导线回路作为感应部件，用电流计检测可能感应出的电流，如图9所示。

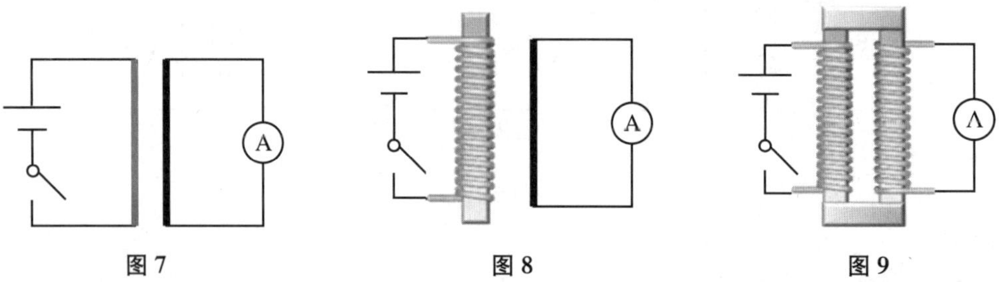


图7　　图8　　图9

**设计意图**

通过介绍法拉第的失败实验，让学生认识稳恒磁场不能感应出电流，学生带着疑问观察实验。

## 环节二

重现法拉第成功的电磁感应实验。

4．实验演示：

连接好实验电路，保证产生磁场的电路电键先断开，灵敏电流计先不连入电路。先接通原线圈电路，再“小心翼翼”地接通感应线圈电路，此时灵敏电流计不偏转。宣告实验失败，进而断开原线圈的开关。在打开开关的瞬间，灵敏电流计的指针发生了偏转。

5．教师提问：

(1) 什么情况下灵敏电流计发生了偏转？(在开关断开的一瞬间。)

(2) 开关断开的瞬间有什么变化吗？(原线圈的电流从有到无，即磁场在变化。)

6．实验演示：

保持感应线圈一直连接的状态，闭合原线圈开关的瞬间，灵敏电流计的指针发生了偏转，断开瞬间也发生了偏转。

7．重复试验几次，学生观察实验现象，进行总结。

(原线圈电流发生变化，或者说电流产生的磁场发生变化时，感应线圈中有感应电流

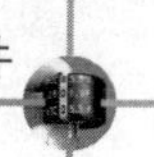

产生。）

**设计意图**

通过巧妙设计实验演示的步骤，先重复失败的实验，让学生深刻认识稳恒磁场不会感应出电流，再通过“偶然”发现的实验现象，猜想磁场发生变化才会感应出电流，继而进行验证并总结。通过再现从“稳态”到“暂态”的突破性创新，让学生体会法拉第电磁感应实验的重大意义。

# 中国科学技术大学出版社中学物理用书(部分)

初中物理培优讲义.一阶/郭军
初中物理培优讲义.二阶/郭军
新编初中物理竞赛辅导/刘坤
高中物理学(1—4)/沈克琦
高中物理学习题详解/黄鹏志　李弘　蔡子星
中学奥林匹克竞赛物理教程·力学篇(第2版)/程稼夫
中学奥林匹克竞赛物理教程力学篇习题详解/于强　朱华勇　张鹏飞　程稼夫
中学奥林匹克竞赛物理教程·电磁学篇(第2版)/程稼夫
中学奥林匹克竞赛物理讲座(第2版)/程稼夫
中学奥林匹克竞赛物理进阶选讲/程稼夫
高中物理奥林匹克竞赛标准教材(第2版)/郑永令
中学物理奥赛辅导:热学·光学·近代物理学(第2版)/崔宏滨
物理竞赛专题精编/江四喜
物理竞赛解题方法漫谈/江四喜
奥林匹克物理一题一议/江四喜
物理竞赛教练笔记/江四喜
全国中学生物理竞赛预赛试题分类精编/张元元
全国中学生物理竞赛复赛试题分类精编/张元元
全国中学生物理竞赛决赛试题分类精编/张元元
物理学难题集萃.上、下册/舒幼生　胡望雨　陈秉乾
强基计划校考物理模拟试题精选/方景贤　陈志坚
强基计划物理一本通:给高中物理加点难度/郑琦
强基计划校考物理培训讲义/江四喜
高校强基计划物理教程:力学/邓靖武　肖址敏
高校强基计划物理教程:电磁学/邓靖武　肖址敏
高中物理解题方法与技巧(第2版)/尹雄杰　王文涛
物理高考题精编(3册)/王溢然
中学物理数学方法讲座/王溢然
高中物理经典名题精解精析/江四喜
高中物理一点一题型(第2版)/温应春
高中物理一诀一实验/温应春　闫寒　肖国勇
高中物理母题与衍生:力学篇(第2版)/董马云
力学问题讨论/缪钟英　罗启蕙
电磁学问题讨论/缪钟英